本书为南京师范大学全国民政政策理论研究基地研究成果

南京师范大学国家级一流本科专业"行政管理"建设点和

江苏省重点学科"政治学"资助项目

ZHONGGUO
SHIXIAQU
TIZHIGAIGE
YANJIU

邱实·著

中国市辖区体制改革研究

上海三联书店

前　言

对市辖区体制改革问题的研究可以说是一个偶然契机萌生的想法。2017 年 10 月，我进入南开大学周恩来政府管理学院政治学博士后流动站，跟随朱光磊老师从事中国政府与政治的研究工作，当时确定的主要研究方向为机构改革问题。在流动站期间，承蒙朱老师及中国政府发展联合研究中心团队的支持与提携，我加入到《中国政府发展研究报告》的写作组中，进行专题报告的撰写工作。在学习往期《中国政府发展研究报告》时，注意到王雪丽教授撰写的关于市辖区体制改革的报告，其后又阅读到朱老师与王雪丽教授 2013 年发表于《南开学报》的《市辖区体制改革初探》一文，拓展了我的视野并激发了我对市辖区体制问题的极大兴趣。我发现市辖区体制问题是现代城市治理乃至行政管理体制改革都无法跳过的重要问题，但却又鲜有学者系统研究。特别是我国城市化进程不断推进，城市规模日益扩大，城市管理精细化及治理效能提升都与市辖区体制的完善与发展密切相关。因此，在参与《中国政府发展研究报告》（2017）的写作时，我主动提出想撰写关于市辖区体制改革主题的研究报告。在朱老师及团队的支持下，我开始尝试对我国市辖区的发展历程及变化特征进行初步的梳理，撰写出《市辖区体制改革研究报告》，这是我对于市辖区体制改革问题研究的首次尝试。此后，该份报告获得南京师范大学倪咸林教授提出的宝贵修改意见，并在修改后有幸获得 2020 年民政部全国民政政策理论研究成果三等奖，这更加激发了我在市辖区体制改革问题上进一步深入研究的信心。但因为当时博士后研究的主要方向是机构改革，为了更好地完成在站任务及博士后研究报告，暂时将对市辖区体制改革问题的研究搁置，把主要精力投入到机构改革研究中去。与此同时，团队进一步凝练《中国政府发展研究报告》的内容，为使其更加符合新时代中国政府发展的现实需要，将市辖区体制改革并入到其他板块中，我的主要任务也相应转向机构改革与政府间关系的研究部分。

2020年底，我完成博士后出站报告并顺利出站，开始跟随朱光磊老师从事政府职责体系建设的研究，但同时也继续保持机构改革的研究方向。在此过程中，学术研究的视野不断开阔，特别是在对政府职责体系进行深入研究时发现，原先很多行政管理问题是可以纳入到政府职责体系的框架中的，并可以将政府职责作为"抓手"进行研究，这中间就有市辖区体制改革问题。同时，在机构改革研究方面，我逐步聚焦到基层政府层面，特别是城市基层政府方面。市辖区作为较为典型的城市基层行政建制，必然被纳入到调研的范畴中。随着调研的深入，愈加认识到市辖区体制改革对于城市治理现代化和经济社会发展的重要性，也充分关注到市辖区与广大人民群众日常生活与工作的密切性。所以，我准备在工作之余，重拾关于市辖区体制改革问题的研究。这一阶段关于市辖区体制改革问题的研究主要分为两个方面：一是梳理我国市辖区体制生成基础、发展历程、现实情况及改革方向等。二是在日常调研中聚焦市辖区体制的现实问题，系统搜集并整理广大实务工作者对市辖区体制改革的看法与建议。前者是为市辖区体制改革问题研究打好理论基础，后者是为市辖区体制改革问题的研究提供现实依据。在研究过程中，对市辖区体制改革问题进行深入和细化，诸如市辖区体制机构设置的"异构"问题、撤县（市）设区中的利益协同问题等。基于此，我撰写了关于市辖区的几篇学术论文，算作是对调研与思考进行一个阶段性的总结。

2022年初，经过两年左右的准备和思考，开始着手进行市辖区体制改革的专著写作。在斟酌框架内容后，将书名定为《中国市辖区体制改革研究》。本书在梳理市辖区体制改革研究背景与意义、市辖区体制改革问题既有研究以及研究方法与特色的基础上，将内容分为七个部分，分别探讨市辖区缘何产生与发展、市辖区的生成模式是什么、市辖区体制有哪些现实困点及改革导向是什么、市辖区角色属性如何重构、市辖区职责配置何以优化、市辖区条块关系如何理顺、市辖区体制发展需要哪些保障等。因为我国市辖区数量较多，且不同地区不同城市的市辖区差异较大，很难就一个特定的问题找到放之全国而皆准的案例。因此，本书主要聚焦于市辖区体制改革的理论研究，将资料整理、调研访谈、数据搜集等都融入到具体的理论论述之中。

在本书的成书过程中，非常感谢南京师范大学全国民政政策理论研究基地的支持，也感谢南京师范大学国家级一流本科专业"行政管理"建设点和江苏省重点学科"政治学"在经费上的资助。同时，也感谢上海三联书店出版拙作。最后特别感谢上海三联书店的张大伟老师的辛勤付出与热情指导。因本人学术资历尚浅，学术底蕴不深，在市辖区体制改革问题研究中还有诸多不足与缺失，还请学界前辈及各位同仁多多批评指正。

邱　实

2023 年 8 月于镇江金山

目 录

导　论

第一节　市辖区体制改革研究的背景与意义

市辖区是我国重要的行政区划和行政建制，也是城市治理的重要行政单元。随着城市化发展，我国市辖区的数量不断增加，截至 2022 年底，我国地级及地级以上城市市辖区数量共 967 个。市辖区不仅成为我国一个重要的行政区划和行政建制，更是城市治理的重要主体。进入新时代，我国经济社会发展和城市治理现代化面临着新形势新任务，市辖区作为行政管理体制和城市治理的重要组成部分，需要作为参与主体加入到更多治理问题的化解过程中去。因此，需要将市辖区体制放置到中国特色社会主义新时代的大背景下，对市辖区体制改革问题进行深入的研究。

一、研究背景

党的二十大报告明确提出，"坚持人民城市人民建、人民城市为人民，提高城市规划、建设、治理水平，加快转变超大特大城市发展方式，实施城市更新行动，加强城市基础设施建设，打造宜居、韧性、智慧城市"。这为我国城市治理现代化的推进指明了方向。根据党的二十大报告的要求，城市治理现代化目标的落实需要多方合作，形成合力，共同推进。市辖区作为城市治理的重要单位和参与主体，其在城市治理现代化中所发挥的作用非常重要。同时，当前我国城市规模不断扩大，特别是超大城市和特大城市发展，迫切需要市辖区进行角色、职责、属性等方面的转型，参与到城市治理现代化的建设中来，发挥其在城市治理中的功能与作用。

与此同时，党的二十大报告又明确指出，要"转变政府职能，优化政府职责体系和组织结构，推进机构、职能、权限、程序、责任法定化，提高行政效率和公信力。"这为新时代行政管理体制改革指明了方向，也是未来我国政府发展的核心目标。2023年的《党和国家机构改革方案》中也明确提出："深化党和国家机构改革，目标是构建系统完备、科学规范、运行高效的党和国家机构职能体系。"这更加凸显了行政管理体制中机构职能体系改革的关键性。市辖区作为我国重要的行政建制，同时也是我国城市核心政区，其在行政管理体制改革中也具有非常重要的功能性作用，必须对其进行优化调整，将其纳入到新时代中国特色社会主义行政管理体制改革的框架中，才能发挥其应有的作用。同时，市辖区的机构职能体系既具有相对独立的一级行政建制的特征，同时也是城市机构职能体系的"延伸"，其机构设置的优化与职能转变的推进都直接关系到行政管理体制及地方政府发展。

基于上述背景，针对当前市辖区存在的一系列问题，将市辖区体制改革研究的基本目标确定为：一是重新定位市辖区的行政角色，推进市辖区向"基层化""服务化"的方向转型。二是优化市辖区的职责配置，将其纳入到城市政府职责体系的构建框架中，进一步理顺纵向上行政层级的职责和横向上机构部门的职责，明晰市辖区在城市治理中的职责范畴。三是理顺市辖区条块关系，理顺对口业务指导部门、垂直管理部门等与市辖区政府间的关系，优化市辖区及其机构部门的具体职责，提升治理效能和公共服务供给的质量。四是推进市辖区体制的法治建设，推进机构职能、行政程序、行政监督的"全过程"法治化。五是完善市辖区的公共财政体系，增加其财政独立性，并赋予其更加合理的财源，使市辖区的各项治理职责能够得到充分的支撑和保障。同时，适配财权与事权，促进权责协调。六是基于市辖区调整城市行政层级，尝试实现市辖区直接对接社区。同时，在职责导向下加大机构整合力度，降低行政成本，提升行政效率。

二、理论意义

市辖区体制改革问题的研究也是理论创新的过程，具有重要的理论意义。具体而言：

第一，有助于更加全面地认识市辖区体制。当前学界和实务界，以及人民群众对于市辖区的认识均是从不同角度出发的，因此产生了多种形式的认识。如学界主要是从政治学与行政学的学理角度对其进行理解分析，将其作为一级行政建制及城市的重要行政区划，结合现实案例进行理论研究。而实务界更多则是将市辖区视为城市治理的重要参与主体，从城市治理具体政策执行者和基层事务治理者的角度来对其进行认识，探讨的焦点多是市辖区如何更好地进行治理，以及治理效能如何有效提升。人民群众更多是将市辖区视为公共服务供给和基础设施建设的主导者，是满足人民群众工作生活秩序的管理者。上述关于市辖区的认识并不能说谁对谁错，只是从不同角度看待市辖区的结果。对市辖区体制及其改革的研究可以从学理角度出发，结合对市辖区的各种认识，综合审视市辖区体制的全貌，使市辖区能够以更加立体化和具象化的形态呈现在不同群体面前，促进市辖区体制认识的全面化。

第二，有助于丰富和发展市辖区行政管理体制改革理论。市辖区体制经历了"建立-变迁-波动-恢复-发展"的历程。在此历程中，我国市辖区体制包含了多方面的具体政策性内容，如"地改市""市管县""撤县（市）设区""区界整合""市县合并"等，都对市辖区体制的变化与发展产生不同程度的影响。目前，对此类政策性调整多为经验性的描述和分析，甚至是针对特定个案进行研究阐述，很少归纳总结形成概念及理论。通过对市辖区体制的系统研究，可以将相关政策措施背后的理论内容进行归纳、总结和提炼，形成以市辖区为中心的行政管理体制改革理论。同时，针对市辖区行政管理体制相关法律法规不足的问题，尝试借助相关理论的总结提炼，为其丰富与完善提供一定的支撑。

第三，有助于将静态的政治学理论与动态的行政学过程相结合。市辖区体制改革问题是一个兼具理论与实践的问题，同时也是一个结构与运行相结合的问题。对市辖区体制改革问题的研究，可以通过将政治学层面相对静态的理论研究与行政学层面相对动态的过程研究相结合，实现理论与实践的融合，结构与运行的互嵌，开拓出将静态的政治学理论与动态的行政学过程相结合的新的研究范式。

三、现实意义

市辖区体制改革是我国行政管理体制改革的重要内容，其直接关系到政府行政及城市治理效能。因此，研究市辖区体制改革也具有较强的现实意义。

第一，提升城市治理效能。市辖区体制建立的初衷就是为了增强城市治理的精细化程度，提升治理效能。随着城市化进程的不断推进，我国城市的规模也相应拓展，超大城市和特大城市的数量也不断增加，城市治理任务更加繁杂，人民群众对于城市治理的需求也不断提升。为了满足现代城市治理的需要，有必要对市辖区体制进行改革。虽然市辖区的主要职责是执行所属市政府的决策，并管理本辖区内的基础性事务。但是市辖区作为一级行政建制依然掌握较多的行政资源，并承担着人民赋予的权力，在行政管理体制中处于重要的地位，对国家治理现代化有着影响作用。进入新时代以来，我国城市治理面临新形势、新情况和新问题，如城市空间治理、数字政府建设、地区协同发展等，都需要对城市行政管理体制进行适当的优化与调适。而市辖区体制作为城市行政管理体制的重要部分，必然需要进行改革，这对于城市治理效能的提升具有现实作用。

第二，推进区域经济社会发展。城市的发展也是各个区域共同协作的结果。市辖区作为城市的重要政区和一级行政建制，其必然需要对辖区内的各项经济事务与社会事务进行系统性的治理，并通过促进经济的发展和社会管理质量的提升来满足人民群众的美好生活需求，因此其具有推动相应区域经济社会发展的功能。通过对市辖区体制改革问题的系统研究，可以进一步理顺市辖区条块、公共财政、行政管理权限分配等方面的关系，使市辖区在区域经济社会发展中的功能和职责更加明确，有效推动辖区内经济社会稳定、健康、持续的发展，并为推动城市及所在地区的整体发展提供坚实的基础。

第三，深化行政管理体制改革的实践。行政管理体制改革是一个系统性的工程，其需要由多个子单元组成。市辖区体制改革就是我国行政管理体制改革的重要"单元"。市辖区行政管理体制改革主要具有三个方面的特征：一是具有县级政府行政管理改革的特征。除直辖市及部分特殊城市外，我国的市辖区大部分都是地级市下辖的行政建制，其一般是县级行政建制。所以其行政管理体制改革具有县级政府的特征。二是具有城市行政管理体制改革的特征。市辖区是城市的重要政区，也是城市治理的重要主体。因此，其行政管理体制可以理解为城市行政管理体制的"延伸"。三是具有上层决策与基层执行相结合的行政管理体制特征。市辖区处于"决策-执行"的交汇点，是上层政府决策与基层政府执行的"链接"。基于此，市辖区行政管理体制改革在实践层面必然具有较强的"复合性"，对市辖区行政管理体制改革的研究可以针对上述三个方面的特征进一步深化，通过推进市辖区行政管理体制改革来完善我国行政管理体制改革的理论与实践。

第二节　市辖区体制改革研究的文献综述

关于市辖区体制改革问题的文献较多，为保证文献综述的清晰度，本书尝试将其划分为市辖区体制改革专题研究和市辖区体制关联问题研究两大类进行梳理。本书主要内容为中国市辖区体制改革研究，由于我国的市辖区体制具有较强的中国特色，而国外城市辖区的设置较为繁杂，因此本书文献综述主要对国内市辖区问题研究的代表性文献进行梳理。

一、市辖区体制改革的专题研究

市辖区是我国城市发展的产物，其与市的关系是市辖区体制改革研究的先决问题。市与市辖区的关系到底是什么，在现实中如何处理并协调两者的关系，成为市辖区体制改革最早探讨的核心问题。[1] 其后，随着我国城市规模的拓展，市辖区体制改革问题研究开始成为一个学界和实务界都非常关心的话题。部分具有实务工作经验的学者基于我国行政管理体制改革的趋势，系统研究分析了市辖区体制改革的各项理论问题。[2] 还有学者对市辖区的基本内涵、类型划分、现实问题及优化路径等多个方面进行了论述和探讨，提出城市管理实践中出现的诸如"向区放权""通过合并市辖区把区做大做实"的做法，已经严重偏离了当初设置市辖区协助城市管理的初衷和市区关系的内在规律。为此，需要理性定位市辖区在城市管理中的地位和功能，切实维护城市管理的统一性和整体性，以利长远。[3]

随着我国城市化进程的加快，特别是大城市与特大城市数量的增

1　唐宁：《对市及市辖区体制关系的若干思考》，《领导科学》2004年第4期。
2　洪振华：《市辖区行政管理体制的问题及对策》，《中国党政干部论坛》2008年第8期。
3　朱光磊、王雪丽：《市辖区体制改革初探》，《南开学报》（哲学社会科学版）2013年第4期。

加，城市内部市辖区空间结构的调整与区界的重组是我国市辖区体制改革的重点。可以基于城市发展的最优规模、城市在区域发展中的定位、城市政府管理的整体性特点、城市连续建成区的空间规模四个影响因素的考察，尝试摒弃目前简单的发展主义导向，在区分城市和调整类型的前提下，兼顾经济发展与城市政府管理的整体性特点，对市辖区的调整在政策上进行分类指导：对于大城市，应继续推动撤县（市）设区，允许城市连续建成区内的市辖区进行必要的合并重组，但并不鼓励这种做法；对于中小城市，应适度控制撤县（市）设区的发展趋势，严格控制中心城区市辖区合并重组行为。[1] 还有学者提出改革出路应该是行政区划制度改革与公共政策综合配套改革并行。转变观念，弱化城市政府领导对行政区划调整的过度依赖；制定标准，从严控制不符合标准的县改区做法。同时，创新性实施"县改市"和"镇改市"两种设市模式，满足新型城镇化发展的现实需求，在经济发达且面积较小的省份实施虚化地级市，率先推行省直管县（市）体制，减少目前地方政府的行政层级，提高行政效率，减少行政费用支出。另外，围绕减缓县改区冲动和推行省直管县，大力推动综合配套改革，从根本上保障行政区划有序合理发展。[2] 行政区划的调整直接关系到地方政府的发展，就此问题，民政部组织调研组，通过研究重庆县改区的实际情况，总结出我国地方政府市辖区体制改革的基本实践路径，主要是要强化行政区划的顶层设计，提升行政区划工作的科学性，注重问题意识，加强理论性，做好行政区划调整与改革的谋篇布局工作。要坚持行政区划管理法规标准先行，提升行政区划工作法治化水平，健全法治，完善标准，创新思路。健全行政区划调整的决策机制，提升行政区划的规范化水平，细化市辖区调整的审批流程与论证评估机制，从促进行政区划调整地方更好发展方面看，要注重行政区划调整实效，通过创新工作体制机制，进一步细

1　赵聚军：《我国市辖区行政区划调整导向的合流与分野》，《天津社会科学》2018 年第 1 期。
2　陶希东：《中国特大城市（地级市）县改区：问题与出路》，《创新》2017 年第 1 期。

化、强化对行政区划调整实施的指导，更好发挥行政区划调整在经济社会发展及城镇化推进中的积极作用。[1]

针对市辖区体制，还有学者从市辖区经济发展的角度对市辖区体制的改革调整提出相应建议，认为在市管县体制下，新地级市政府成为完整的行政主体，其经济发展主动性显著提升，通过调整财政支出结构实现政府职能转变，在政府和市场双重力量下实现产业结构调整，依托市县区政府完成了中等城市化初始集聚过程，形成了产城相互促进的发展路径，这构成了中国特有的城市化逻辑。[2] 同时，以政府职责为依托，在充分考量"职责同构"发生的必然性和合理性的基础上，尝试以"异构"治理作为市辖区体制优化的理念创新，即在"同构"的现实中以"异构"治理为视角创新市辖区体制的优化理念。基于此，分别从政区治理的适域化、治理单元的多维化和区际治理的协同化三个方面出发，探索市辖区"异构"治理的实践策略。[3]

二、市辖区体制改革关联问题研究

市辖区体制改革的关联问题主要是指围绕市辖区体制改革展开的相关问题的研究和探讨。目前，研究较多的主要是"撤县（市）设区"和"区界重组"。

（一）"撤县（市）设区"

"撤县（市）设区"的历史可以从 1983 年算起，当时国内出现四个"撤县设区"的案例：内蒙古赤峰县改为赤峰市郊区，山东福山县、潍县、济宁县分别改为烟台市福山区、潍坊市寒亭区、济宁市市郊区。同

---

1   柳拯、汤恒、吴国生、陈建光、张焕秋：《新型城镇化过程中行政区划调整的实施效果——对重庆市撤县改区的调研报告》，《理论视野》2017 年第 6 期。
2   纪小乐、魏建：《市管县体制对城市化和工业化协同发展的影响——新地级市设立后市辖区经济发展的历史考察》，《经济与管理研究》2021 年第 8 期。
3   邱实：《同构视阈下的异构治理：市辖区体制的优化进路》，《深圳社会科学》2022 年第 2 期。

时，这一年也在进行新中国成立以来规模最大的"县改市"，当年有 31 个县改为县级市，并新设了 7 个县级。随着"县改市"在 1997 年被中央"冻结"，县（市）改区的数量开始明显增加。根据民政部官方统计数据，从 1997 年至 2012 年的 15 年间，县（市）改为市辖区的共有 158 个，其中，县改区的 71 个，县级市改区的 87 个。虽然"撤（市）县设区"是为了适应城市化发展的需要，但同时也有一些其他的因素推动了"撤县（市）设区"的发展。其中最主要的原因就是 2009 年 7 月财政部公布《关于推进省直管县财政改革的意见》，其中提出要在 2012 年完成除民族自治地区之外的省直管县财政改革。在这样的情况下，一些地级市为避免所辖的县和县级市今后可能脱离其管辖，大力推行"县（市）改区"，进行权力"上收"。因此，有专家提出，中央推行的省直管县与地级市加固权力之间，存在利益博弈，目前城市行政区划设置和布局亟待规范，不能让地方有政策的空子可钻。[1] 还有学者将我国撤县（市）设区的进程划分为三个阶段：1978 年至 1983 年为准备阶段，1984 年至 2002 年为第一波撤县（市）设区"潮流"阶段，2003 年至 2013 年为第二波撤县（市）设区"潮流"阶段。[2] 基于现实的城市发展现实与理论界研究的聚焦，可以从改革目的、改革方式及规范、改革效应等几个方面对撤县（市）设区进行研究。

　　在"撤县（市）设区"的改革目的方面，可以分为以下几点：第一，目前"撤县设区"和"撤市设区"主要是为了适应城市化发展的需要。城市化的发展推动了城市治理的各类新变化，如城市规模扩大、人口增加且流动性增强、城市配套设施建设的增加、城市公共服务与公共产品供给要求的提高等，这都需要通过市辖区改革来加以完善。有学者提出，"根据国家统计局公布的数据，2011 年我国的城市化率首次超过 50%，达到 51.27%，与之相对应的是城市市辖区和建成区面积的大规

1　王卫国：《撤县改市与撤县改区的好处与坏处》，《中国地名》2017 年第 10 期。
2　左言庆、陈秀山：《城市辖区行政区划调整的时空格局研究》，《学习与实践》2014 年第 9 期。

模扩张。中心城市发展到一定阶段后，受其原有发展空间不足的制约，通过撤并周边的县使之成为其市辖区的方式来突破发展瓶颈、解决中心城市发展空间的供需矛盾。这是中心城市撤县设区的首要目的。"[1] 第二，推动城市周边地区经济发展。市辖区的设置除了能够分担城市治理的强度和提高城市治理的效能，还能够利用市辖区的"辐射"功能，推动地区城市化与社会经济规模的发展。"改革开放初期，县改区主要集中在特大城市近郊县，'县改区'便于接受特大城市、超大城市核心区的辐射，也拓展了特大城市的发展空间，对推动中国城市化和经济社会发展具有很大积极意义。"[2] 第三，还有前文所提到的省直管县后财政改革的因素。"撤县设区的动因，主要是地级市为了防止县域'省直管'后，县里财政大权变为省直属，不经过地级市，从而削弱地级市的财力和调控能力"[3]。我国城市化进程发展很快，同时加上 1997 年之后"县改市"被冻结，一些经济发达地区就率先推进撤县（市）设区。因为政策约束较少，没有明确细致的县改区和（县级）市改区的标准，造成了有些地方借助市辖区改革来集中城市管理资源，推动经济发展，或使得城市原有的经济数据更加"好看"或完善。同时，也要从经济视角分析了"撤县（市）设区"的发生动因。目前，撤县（市）设区是我国市辖区增长的主要来源，也是影响市区关系发展变迁的核心因素。通过梳理我国撤县（市）设区的变迁历程，可以发现其本质是在中央政策导向下地区竞争与利益协同的动态调适。撤县（市）设区的发生逻辑可以理解为地方政府在治理资源、财税权限和发展结构方面竞争与协同互动的结果。在此发生逻辑的作用下，撤县（市）设区后市区关系呈现为完全协同、有限协同、利益间隔、利益相斥四种形态，构成我国市区关系的现实图景。基于此，我国撤县（市）设区及市区关系发展还需合理的反思与展望，要平衡"虹吸"效应与"扩散"效应，制定多维度的城市发展

1　张艺烁：《撤县设区的历史和现状分析》，《法治与社会》2016 年第 8 期。
2　王卫国：《撤县改市与撤县改区的好处与坏处》，《中国地名》2017 年第 10 期。
3　刘志慧：《撤县设区：现状、问题、对策》，《中共云南省委党校学报》2017 年第 2 期。

规划。同时，规避"工具化"导向，保障撤县（市）设区基础功能的充分发挥。[1]

在"撤县（市）设区"的改革方式及规范方面，主要是以法治化、标准化、应用化为主要切入点。第一，从法治化的角度来看，"撤县（市）设区"的法治化主要是指相关市辖区体制改革不仅要在改革内容上符合宪法和法律法规的规定，也要在操作过程中符合相关的法律规定。同时，市辖区体制的改革不能仅仅由政府单方面主导，还要充分考虑到人大方面的作用。目前撤县设区的法律依据的来源主要为宪法和相关法律，如《地方各级人民代表大会和地方各级人民政府组织法》这样较为宏观的法律文件。但目前已有法律对地方政府及行政制度只有原则性规定。在市辖区方面，主要是笼统概述了县区权限，没有规定"撤县（市）设区"的标准和依据，所以具体的法律依据只能在下一位阶的法律法规中寻找依据。当前撤县设区的依据是 1985 年国务院制定的《关于行政区划管理的规定》，从法律位阶视角来看，该规定并不是人大制定的法律，只是行政规定，所以从法理的角度来看，在法律意义上撤县设区没有可供参考的法律依据。所以，实现撤县设区法治化的具体方式就是要"修改《地方组织法》。虽然 2015 年该法已经修改完善，但当时是为了与《中华人民共和国立法法》修改相适应，并没有修改县区权限，也未重新制定撤县设区的标准。故今后修改应该吸收《关于行政区划的规定》《关于调整设市标准的报告》和《市辖区设置标准》的内容，明确规定县、区和乡、镇的升格程序，区分县区的权限职能。或尝试重构整个地方制度法律体系，适时制定《中华人民共和国地方制度法》，明确其宪法性法律的地位，为地方制度改革提供总体规划、明确依据和切实可行的操作程序。[2] 第二，从标准化的角度来看，主要是要重视和加强撤县设区的科学理论研究与普及，转变地级市政府的职能，淡化撤

1　邱实：《发展竞争中的利益协同：撤县（市）设区的发生逻辑及市区关系研究》，《经济社会体制比较》2022 年第 6 期。
2　李雷：《依宪治国背景下完善撤县设区的宪法学思考》，《云南社会科学》2016 年第 5 期。

县设区的经济功能，创新市辖区的行政管理体制，逐步回归撤县设区的科学规范。同时要实现市辖区政府与其管辖范围和治理对象相匹配的权责，并据此进行相关的制度安排来实施具体的行政管理。从市政府与新设市辖区政府关系来看，市政府要将具体的、直接的城市管理职能交给市辖区政府负责，而重新恢复其自身作为一级整体性政府的职能；通过财政收入的分领域获得，既在地方性事务方面确保市辖区政府管理的自主性，又保证了市政府对全区管理的统一协调性。[1] 与此同时，还要严格贯彻撤县设区的审批程序，统筹优化撤县设区的决策过程，确定合理的撤县设区目标，完善撤县设区的标准，拟定、评估并选择最佳的撤县设区方案，及时实施撤县设区方案并评估反馈。[2] 第三，从应用化的角度来看，关于"撤县（市）设区"这一问题，诸多学者运用多种方法展开研究。如从理论上研究了"撤县（市）设区"的动因、依据和双重影响，明确法律和制度创新较之行政区划调整，更具紧迫性和持久性。[3] 还有将撤县设区和扩权强县视作分权化改革下我国地方行政区划变革的主要方向，阐述了撤县设区的演化机制。[4] 此外，依据撤县设区的时空特征将其分为"主动适应型"和"被动调整型"两类[5]，呈现区界重组正在取代撤县设区和区县合并已成为我国区县行政区划调整的新趋势。[6] 最后，"撤县（市）设区"与政府职能的关系突出呈现政策的有效性需要协调政府职能的关系，摆脱城市公共权力的配置困境。[7]

1　李金龙、翟国亮：《撤县设区的科学规范探索》，《云南社会科学》2016年第5期。
2　谢俊：《刍议中心城市撤县设区的要素及实施过程优化：基于南京市的个案分析》，《南阳师范学院学报》（社会科学版）2016年第1期。
3　谢涤湘、范建红、常江：《从空间再生产到地方营造：中国城市更新的新趋势》，《城市发展研究》2017年第12期。
4　罗震东、汪鑫、耿磊：《中国都市区行政区划调整——城镇化加速期以来的阶段与特征》，《城市规划》2015年第2期。
5　高琳：《快速城市化进程中的"撤县设区"：主动适应与被动调整》，《经济地理》2011年第4期。
6　殷洁、罗小龙：《从撤县设区到区界重组——我国区县级行政区划调整的新趋势》，《城市规划》2013年第6期。
7　高祥荣：《"撤县（市）设区"与政府职能关系的协调》，《甘肃行政学院学报》2015年第3期。

在"撤县（市）设区"的效应方面，有学者认为"区市两级的角色分工视角强调区市之间的经济利益关系对区市两级政府经济绩效的重要影响，而且对处于弱势地位的区县政府影响更加关键。撤县设区后，中心城市利用本身的经济优势，创造一种区市经济角色分工，则容易实现协同发展、区市双赢；反之，区市两级仅存在行政上的支配从属关系，缺少经济角色分工协调，则难以实现双赢的局面，甚至可能出现牺牲区县经济发展中心城市的情况，这种情况在中心城市本身集聚效应不强、短时间大量撤县设区等情形下比较容易发生，对于这类撤县设区调整，值得我们给予一定的关注研究和合理评价"[1]。也有学者从撤县设区为切入点，研究其对农业产业发展的影响。在有利因素的方面，加强了农业生产土地集中，助推打造龙头企业，并推动农业服务体系，提升科技贡献。同时，市辖区定点集中的监控管理，推动了农村环境污染改善，有效控制污染减排。但是撤县设区使得农业发展也面临了一定的瓶颈，如农业生产的高素质劳动力逐渐流失，农业企业管理和营销人才不足。撤县设区后，省市对辖区农业生产的政策和资金扶持会产生变化，造成融资难，保险难，用地难等。[2] 还有观点基于"撤县设区"准自然实验，利用全国层面的县级面板数据，使用双重差分法来识别撤县设区政策对于生产性支出偏向的影响，发现撤县设区减少地方政府的基础设施建设支出占比，增加民生性支出占比，但同时也使得政府行政管理费用上升。通过分析，认为原因是撤县设区减少了基层地方政府的竞争从而弱化了地方政府的基础设施建设动机和能力。经过研究从地方政府竞争的角度理解撤县设区政策如何影响财政支出偏向。同时，对如何改变地方政府的财政支出结构提供了来自行政区划调整的证据。[3] 另外有学者基

1　于志强、吴建峰、周伟林：《大城市撤县设区经济绩效的异质性研究：基于合成控制的实证分析》，《上海城市管理》2016 年第 5 期。
2　黄金秀、彭庆、熊雅丽：《区划调整对城市农业产业结构的影响分析：以新建区"撤县设区"为例》，《中共南昌市委党校学报》2018 年第 1 期。
3　张莉、皮嘉勇、宋光祥：《地方政府竞争与生产性支出偏向：撤县设区的政治经济学分析》，《财贸经济》2018 年第 3 期。

于市县经济关联度的视角，运用灰色关联分析法从时间维度测量市县经济耦合程度，采用牛顿引力模型从空间维度测量市县经济联系强度，进而以实证结果为纵横坐标，构造散点图，进而提出：与所属市经济耦合程度、经济联系强度均较高的县（市）适宜"撤县设区"；与所属市经济耦合度高但经济联系强度低的县（市）适宜"撤县设市"；与所属市经济耦合度低、经济联系强度不高的县（市）适宜"省直管县"；与所属市经济耦合度低但经济联系强度高的县（市）宜暂时维持原状。[1]

（二）区界重组

在区界重组方面，理论研究主要集中于区界重组的实际效应方面。有学者指出区县重组是深层次的城乡行政管理变革，在总结我国区县重组三大风险的基础上，提出了三大转变和发展导向。[2] 而关于市辖区边界空间的治理：一是城市空间治理的无缝隙化。厘清责任主体或构建起常态化的社会治理机制，培育市场、社会中的多元治理主体，吸纳其参与到治理中来，在实践中成长壮大。在条件成熟的前提下，逐步将这部分工作转交给成熟的私营部门、非营利组织承担，政府则主要承担监督和协调职责。"无缝隙治理"既践行了政府的服务理念，又不致陷入"福利超载"的陷阱。二是以治理实务厘清多重边界。对于冲突中关涉城市整体性的环节，建立统一的服务与管理标准，对于冲突中可分解的利益单元，应由利益主体自行协商或借由地方调节机制解决，优先考虑习惯性边界。对于冲突中不可分解但属于局部范围的利益单元，应着力构建利益共享机制甚至可以暂且搁置争议。三是整体性治理机制建设。实现多类型治理主体的主动参与，在共同协商基础上制定规则，在机构运转中不断完善，加强对公众的预期管理，借助现代科技手段助推监督

1   杨林、薛琪琪：《"撤县设区"抑或"撤县设市"？——基于市县经济关联度的视角》，《山东社会科学》2017 年第 11 期。
2   林拓、申立：《我国城乡区县重组：风险及其超越》，《中国行政管理》2012 年第 11 期。

和分享的有效施行。[1] 还有学者研究认为，一方面，区界重组虽然没有扩大城市规模，但却优化了城市空间治理结构，也有利于集聚经济效应的发挥。另一方面，重组后各区之间的市场融合、行政壁垒和资源分配等问题均可以得到改善。两方面因素均有助于提升企业生产率并促进企业雇用人员数量提升，从而吸引外来人口集聚，并且提高经济绩效。但是，区界重组概率较高的城市都分布在经济基础较好的区域。某些地区由于发展潜力不足，无法充分发挥集聚效应以吸引人口流入，可能进行区界重组之后也不会产生人口集聚和经济绩效提升，因此，也应该慎重使用。[2]

三、进一步研究的空间

从国内现有市辖区体制研究文献来看，主要是围绕市辖区体制涉及要素进行研究，进而延伸到市辖区体制。已有文献为市辖区体制改革问题的研究提供了丰富的基础，具有很大的启发作用。结合已有文献的基本情况，关于市辖区体制还有进一步研究的空间：

一是从城市治理的角度对市辖区体制进行整体的审视性研究。现有文献大部分是对市辖区的某一方面或涉及市辖区的部分进行研究，虽然研究较为深入，但尚未展现市辖区体制的整体面貌。本书尝试将市辖区体制放置于城市治理现代化的大框架中，力求从整体性的角度出发对市辖区体制进行全方位的分析和研究，既梳理历史演进也归纳现实发展，既分析存在问题也提出优化策略。

二是从发展的角度对市辖区体制的演进进行梳理。依托民政部官方资料及地方政府的文件，以发展的视角对市辖区体制的演进过程进行细致而客观的梳理，将市辖区的发展脉络清晰地呈现出来，为市辖区体制

---

1   何李：《市辖区边界区域空间冲突的治理难题与改革方略》，《社会主义研究》2017 年第 1 期。
2   陈浩、孙斌栋：《城市区界重组的政策效应评估：基于双重差分法的实证分析》，《经济体制改革》2016 年第 5 期。

改革研究提供充分的前置条件，同时也是对市辖区生成、发展与演变进行总结。

三是从现实的角度对市辖区进行类型学分析。基于中国特色社会主义行政管理体制和地方政府组织结构及运行机制的现实情况，对我国现有的市辖区进行一个类型学的划分，使纷繁复杂的市辖区能够更加清晰地呈现于眼前。同时，通过对市辖区进行类型划分，为市辖区体制的改革与发展提供更为清晰的思路，实现具体问题具体分析。

四从现代政府的角度对市辖区体制改革提出对策建议。将现代政府理论中的政府职责、条块关系、公共财政、管理层次等理念引入到市辖区体制改革的研究中，在政治学与行政学的架构下实现理论与实践的结合，更好地面向中国式现代化的推进要求，实现市辖区体制改革及城市治理现代化的推进。

第三节　市辖区体制改革的研究框架

市辖区体制改革主要通过梳理主要概念、明确支撑理论、建立研究思路来搭建研究框架。

一、主要概念

概念即方法，对于体制性问题的理论研究必须以梳理概念为基础，明确研究的导向与内容，进而确立基本的研究方法。市辖区体制改革研究所涉及的概念主要有：

（一）市辖区

市辖区是本书的核心概念，也是本书研究的主要对象。市辖区是我国重要的行政区划，也是城市治理的行政建制。除直辖市外，我国市辖区与县、县级市的行政级别相当。市辖区是城市发展的产物，其设置的目的是为了满足城市规模拓展中公共服务供给、基础设施建设和城市常规管理等方面的需求，因此市辖区具有一定的"分治"属性。[1] 市辖区是城市的核心组成部分，即通俗理解上的"市区"，因此市辖区也是城市特定区域的经济文化中心，第三产业占比相对较高，金融贸易、科技文化等都较为繁荣。同时，市辖区的城市化程度较高，人口密度较大且居民以城镇人口为主，流动人口多。可以说，现代城市是由市辖区组成的，市辖区是城市治理的执行者和参与者。市辖区的设置有着特定的标准，目前市辖区设置的标准主要为 2014 年 10 月民政部出台的《市辖区设置标准（征求意见稿）》，其从六个方面规定了市辖区设置的标准及要求。截至 2023 年 6 月，我国共有 977 个市辖区。

（二）城市治理

市辖区设置的重要目标就是推进城市治理效能，实现城市治理现代化。因此，城市治理也就必然是市辖区体制改革问题的核心概念之一。从含义层面来看，城市治理是指为了促进城市在经济、社会、文化、科技等方面的发展，以提高居民生活品质为目标，对城市的各类资源进行整合协同的空间治理过程。城市是人口与资源的集中，其治理具有高度的复杂性，特别是在城市数量不断增加、城市规模不断拓展的情况下，城市治理更是繁杂艰难。因此，城市治理需要设定明确的目标，确立治理框架，在保障城市运转稳定的基础上推进城市治理效能的提升。习近平总书记指出，"推进城市治理，根本目的是提升人民群众获得感、幸福感、安全感。要着力解决人民群众最关心最直接最现实的利益问题，不断提高公共服务均衡化、优质化水平。"[2] 这为我国城市治理现代化的发展指明了目标，确立了导向。我国城市治理及其现代化的目标就是要

1　邱实编著：《当代中国政府》，南京师范大学出版社 2023 年，第 12 页。
2　习近平：《论把握新发展阶段、观察新发展理念、构建新发展格局》，中央文献出版社 2021年，第 437 页。

建设宜居宜业的人民城市，为人民美好生活愿景的达成创造最多的资源。同时，通过城市治理促进地区经济社会发展，结合不同地区的实际情况，成为地区发展的中心。

（三）公共服务

"公共服务"是一个随着现代政府出现的词汇，并在当今社会被广泛使用。在不同的学术语境下，公共服务呈现出不同的理解。经济学、公共管理学、社会学等学科对"公共服务"的理解都存在差异，其衍生出的内涵也各不相同。从现代政府职能的角度来看，公共服务主要是为了保障公民的基本权利，并不断满足日益增长的公共需求，实现社会全面协调可持续发展。同时，公共服务蕴含了公平、正义、均衡等原则，包括设施建设、服务条件、供给方式等多方面的内容。具体而言，现代政府的公共服务职能主要包括诸如公共教育、社会保障、医疗卫生、科技文化、环境保护等多方面。公共服务的主体是政府及相关部门，主要方式是通过制度、体制、机制和设施等方式供给各类服务。通常，公共服务供给由相对基层的政府执行，也可协同社会组织共同进行。城市是公共服务供给最为集中的场域，市辖区作为城市中基层治理的主要执行主体，必然需要承担起公共服务的主要职能。

（四）政府职责

政府职责是对政府职能的细化。政府职能可以分为政府功能和政府职责，其中政府功能主要是政府对于特定关系的调节能力及政府本质属性要求履行的特定功能等。而政府职责是政府职能中相对较"实"的方面。政府职责主要明确政府"应该做什么""应该由谁做"和"应该怎么做"的问题。政府职责是现代政府行政层级划分、机构部门设置及行政区划调整的重要依据。政府职责蕴含于政府体系中，形成政府职责体系。根据我国政府体系的结构特征，政府职责体系可以划分为纵向政府职责体系和横向政府职责体系。纵向政府职责体系主要依托行政层级进行划分，即明确不同层级的政府应该履行何种政府职责。而横向政府职责体系主要依据机构部门划分，即明确具体的政府职责应该由哪些机构部门承担。市辖区政府作为我国政府体系中的重要层级，其必然承担特定的政府职责。将政府职责作为核心概念，可以为市辖区体制改革问题的研究找到一个"抓手"和"框架"，使其研究能够"接入"动态的政府过程。

（五）条块关系

条块关系是我国政府间关系的重要特征，也是我国行政管理体制的特色。所谓"条"是指具有上下级领导关系或业务指导关系的机构部门，而"块"则是指各级地方政府。条块关系是我国纵横交错的政府体系的具化呈现，也是我国政府运行无法绕过的特殊行政形态。我国条块关系主要呈现为上下级业务指导部门与地方政府关系、垂直管理部门与地方政府关系等多种形态。市辖区作为一级行政建制也必然寓于条块关系之中，因而理顺条块关系也是优化市辖区体制改革的重要内容。因此，也便于从动态的视角全面审视市辖区体制改革的全貌。

二、支撑理论

支撑理论主要是对市辖区体制改革研究在理论层面提供支持作用的一系列理论。支撑理论所发挥的并不是分析框架的作用，而是对所研究问题在认识、分析上提供不同角度的辅助。

（一）现代政府四维分析框架

现代政府四维分析框架是南开大学朱光磊教授提出的，是用于对现代政府进行整体研究分析的重要理论。所谓"四维"具体是指政府的职能、机构、体制和过程。四维分析框架的主要内容呈现为四个方面：一是政府职能。政府职能是现代政府理论研究的逻辑起点，其对机构、体制和过程的设计具有决定性的作用。可以说,政府的机构、体制和过程的研究都是基于政府职能展开的。二是政府机构。政府职能需要由政府机构来承担,即明确政府的各项工作应该具体由谁来做。"机构"包含机构数量、人员数量和结构体系等方面,同时不同国家和地区在不同的发展阶段的机构设置也有所差异。三是政府体制。政府体制就是通过宪法和法律确定的各机构之间的关系。政府体制通过不同机构承担的具体职责来呈现,具有特定的政治、法律关系,是一个整体。政府体制因各国所实行的政治制度的不同而不同,但在微观的管理体制方面却具有一定的相似性。四是政府过程。任何政府的实际运行都是一个动态的过程。与政府体制的"静态"特征相比,政府过程更加具有"动态"性。政府过程是政府职能、机构和体制实际运行的程序,呈现"意见表达-意见综合-决策-施政"的基本环节,并辅以"信息传输"和"监督"两大环节。所有的政府行为都是通过政府过程发挥作用的。

市辖区是我国重要的行政区划,也是城市行政管理的重要建制。因此,市辖区也必然是我国政府体系的重要组成部分。通过引入四维分析框架,可以从职能入手,基于市辖区的行政角色对其进行职能定位,进而调整机构设置,使市辖区的职能及承载机构能够满足城市治理现代化的现实需要。在职能定位和机构调整的基础上,完善市辖区体制,并对市辖区政府过程进行优化。

(二) 城市治理理论

城市治理理论并不是一个独立的理论,而是一系列理论的统称。城市治理理论是随着现代城市发展而产生的。经济社会发展和科学技术的进步,推动城市规模不断拓展,城市空间形态也发生结构性变化,以资源导向的城市发展模式逐步转向功能导向的城市发展模式,相应的城市管理理念也开始朝着城市治理思想发展。随着城市的不断发展,产生了诸如规划重构、资源分配、发展协调等新兴问题,其裹挟着传统的交通、居住、医疗、教育等传统问题,使现代城市发展面临更加复杂的局面。在此背景下，建构多元化的城市治理理论，并推导出相应的技术方法就成为时代的需要。基于此，协同治理、整体治理、多中心治理等理论均融入到城市治理中，成为城市治理理论的代表。近年来，我国经济社会快速发展，城市化进程不断加快，超大城市和特大城市的数量不断增加，城市人口和规模也逐年拓展，城市周边的城乡差异缩小且一体化程度不断提升。在此情况下，我国的城市也出现了诸如"大城市病"等需要治理的现实问题。市辖区作为城市治理的参与主体与执行主体，其体制的完善程度必然直接关系到城市治理的发展。因此，将城市治理系列理论引入到市辖区体制改革问题的研究中，是非常有必要的。

（三）管理层次与管理幅度理论

管理层次与管理幅度是管理学的重要理论，在现代政府治理中也被广泛应用。所谓管理层次就是指政府组织结构的行政层级划分，即将政府划分为几个层级政府。而管理幅度原来是指一个领导者能够有效管理下级人员的最大数额，在公共行政学的视角下可以理解为一级政府能够管理下辖单位的最大限度。市辖区作为城市政区，其必然被纳入到城市政府的管理层次中，目前城市"二级政府、三级管理"就是一种管理层次的体现。而市辖区同时又是一级行政建制，其必然需要设置相应的政府机构及下辖单位、派出机构、组织团体等，这也就具有了管理幅度。市辖区的数量及规模的调整相对于市级政府来说，也是市级政府管理层次需要考量的问题。将管理层次与管理幅度的理论引入到市辖区体制改革研究中，可以在解决市辖区存在的相关问题的同时，从更高的层次审视城市治理的诸多整体性问题。

三、研究思路

本书的基本思路主要呈现为"确立主题-梳理历史-分析现状-归纳

问题-分析问题-明确导向-提出建议"。确立主题即明确市辖区体制改革
是本书的研究内容。梳理历史主要是对市辖区体制的生成原因和发展进
程寻根溯源，通过对既有资料的整理统计，呈现市辖区生成与发展的历
史脉络。分析现状主要是对当前我国市辖区体制的生成模式进行总结，
厘清市辖区因何而生。归纳问题主要是针对改革开放以来我国市辖区体
制的生成与发展，以经验性的方式总结归纳存在的问题，并分类加以阐
述。分析问题主要是针对市辖区体制存在的现实问题，基于中国特色社
会主义行政管理体制进行客观的分析，明晰问题的发生动因。明确导向
即在习近平新时代中国特色社会主义思想的指导下，以城市治理现代化
为基础，确立我国市辖区体制改革的基本目标与功能定位。提出建议是
在系统梳理市辖区发展历史和充分分析市辖区体制存在问题的基础上，
从我国城市治理现代化的实际情况出发，基于中国特色社会主义行政管
理体制的客观现实，提出通过重构市辖区角色属性、优化市辖区职责配
置、理顺市辖区条块关系及完善诸如法治建设、公共财政、管理体制等
保障性体制机制等路径来实现市辖区体制的改革优化。

第四节　市辖区体制改革研究的方法与特色

一、研究方法

研究方法是研究问题的必备手段。市辖区体制改革是一个兼具理论
性与实践性的问题，对其研究需要将多种研究方法协同使用。本书对市
辖区体制改革问题研究方法的使用立足于两个层次：一是研究范式；二
是技术方法。

（一）研究范式

研究范式的确定需要放置在历史唯物主义下。"现代唯物主义把历

史看作人类的发展过程，而它的任务就在于发现这个过程的运动规律。"[1] 历史唯物主义是关于人类社会实践的科学的解释方式。市辖区体制是随着城市的形成和发展而产生的，因此需要将其放置到特定的历史发展进程中来审视。所以，市辖区体制改革问题的研究范式也要从历史唯物主义的角度出发，通过理论结合实践的方法确立。基于此，市辖区体制改革的研究范式可以确定为在中国特色社会主义行政管理体制下，以规范研究为主，实证研究为辅。

规范研究主要是对特定社会现象与社会问题的价值判断，主要目的在于研究并揭示社会现象和社会问题的发展过程、活动规律及本质属性等。规范研究更多着眼于用逻辑的方式来研究特定的社会问题，并做出价值判断。市辖区体制改革从其本质来看是我国行政管理体制改革的理论问题。所以，还是要将规范研究作为该问题的主要研究方法，从理论的层面厘清市辖区体制改革的方向、要点和路径，并借助特定的概念建构研究逻辑。

实证研究是一种建立在观察和经验基础上的社会科学问题研究方式，其主要目的是验证研究内容的客观性和可靠性。实证研究更多是通过对具体社会现象的描述和分析，来验证某种理论的可行性。因此，实证研究多依靠对案例的分析、比较及数据定量分析的方式进行。市辖区是城市发展的产物，市辖区体制改革也是随着城市治理现代化的需要而进行的。城市治理中的各类问题多为实践性问题，因而涉及市辖区及其体制改革的问题也必然会有实践性的。将实证研究作为市辖区体制改革问题的辅助方式，是具有现实意义的。

（二）技术方法

1. 文献研究法

文献研究是体制改革问题的先决条件和基本方法。通过梳理已有市

---

[1]　《马克思恩格斯全集》（第 25 卷），人民出版社 2001 年，第 391 页。

辖区管理体制改革问题方面的文献，归纳总结不同的研究观点，充分吸纳研究的既有成果及进一步研究的空间，明确市辖区体制改革研究的主要方向。本书主要针对市辖区体制相关的文献进行检索和整理，其涵盖法律法规、中央及各级地方政府文件、已有研究的学术论文与学术专著、典型城市在市辖区调整与改革方面的具体方法等。针对涉及市辖区体制及其改革的学术论文与学术专著，进行更加细化的划分，将文献研究做深做透，如将"撤县（市）社区""区界重组"等方面进行分别的阐述，使文献研究能够更加充分，更好地运用到本书的研究问题中。

2. 历史分析法

市辖区体制是我国行政管理体制的重要内容，也是行政管理体制发展的产物。通过历史分析法，梳理市制及市辖区的产生与发展，特别是新中国成立后城市行政管理体制的发展演变及相关行政区划的调整演进。同时，对改革开放后我国市制及市辖区管理体制的变化进行详细的分析和总结，探索其中蕴含的规律，对理解当前市辖区体制的运行及发展提供指导。本书充分梳理我国市制发展和演进的历程，基于此集中厘清市辖区体制的发展进程。同时，考察不同历史阶段城市发展与市辖区体制演变的关系及形式，总结出其中的规律性特点。

3. 案例比较法

案例分析是实证研究的重要方式，也是行政管理体制改革研究不可忽视的方法。但我国市辖区数量众多，且不同地区的差异性较大，如果仅仅以单个案例进行分析，无法充分证明相关问题研究的可行性或可靠性，也无法充分印证研究结论的科学性和合理性。所以，需要进行多案例的综合比较性研究，使案例研究更加丰满。本书并未设置单独的案例比较分析章节，主要是根据案例的实际内容将其放置到特定的章节中，使其融于理论分析之中，更好地印证理论分析的合理性和规范性。

二、主要特色

（一）尝试聚焦一个专门的研究主体

市辖区通常被作为县级政府的一个类型或城市行政建制来研究，而鲜有将市辖区作为一个行政"主体"进行研究的。同时，在对市辖区体制进行研究时，多是基于特定的问题就事论事地展开研讨，如涉及公共服务优化、基层治理创新、城市协同治理等，专门针对市辖区体制问题进行研究的不是很多。本书尝试将市辖区作为一个专门的研究主体，围绕市辖区的生成、发展、现状以及市辖区体制的运行、问题及优化展开充分的讨论。同时，通过突出市辖区行政角色和市辖区体制运行的特殊性，形成一套市辖区体制的分析与研究模式。

（二）尝试建立一个新的分析视角

目前学界对于市辖区的研究主要是将其纳入到县级政府的视阈下进行的，将其与县和县级市作为同类型的行政建制进行研究，因此分析视角多是从县级政府的角度展开。但是不同地区的市辖区因为经济社会发展程度的差异，单从县级政府的角度不能完全囊括市辖区体制研究的现实需要。同时，我国直辖市和一些较大城市的市辖区（行政主要负责人）的行政级别并不是县级，这是一个客观的现实。随着城市治理现代化的推进，市辖区体制问题的研究逐步开始被纳入到城市治理与发展的分析视角下。但当前城市中的市辖区类型不同，且现实发展情况也存在较大差异。这就使城市治理视角有时并不能完全与市辖区体制问题的研究契合。本书尝试将市辖区放置于政府体系的视角中，从政府体系的整体性视角来分析市辖区体制的相关问题，并提出优化创新的具体观点，使市辖区体制研究跳出原有的分析视角。

（三）尝试提出一些较新的研究论点

针对市辖区体制改革问题的研究，本书尝试基于城市治理现代化及行政管理体制改革的现实，提出一些新的研究论点。相关论点主要是围绕市辖区体制的改革调整研究提出的对策建议和理论归纳：一是尝试对市辖区的行政角色进行重塑，根据市辖区设置和发展的现状，将其划分为"城区"治理型、外部拓展型、混合型及特殊型，并基于此转变市辖区的行政角色，使其"派出化""基层化""服务化"。特别是提出市辖区直接管理社区的设想，及选择性地设置"街道"。二是将"政府职责"的概念引入到市辖区体制改革研究中，即将市辖区体制改革放置到政府职责体系的框架中，实现市辖区政府职责配置的优化。三是将市辖区纳入到条块关系的体系中，通过理顺条块关系优化市辖区体制的运行机制。四是在市辖区体制发展保障方面提出"市县分立"，并在此基础上推进城市"单市辖区"改革及市辖区机构体系"大部门化"等。

第一章　寻根溯源：市辖区的产生与发展

市辖区是当前我国行政建制中最"年轻"的，是现代城市发展的"产物"。改革开放后，我国经济社会快速发展，城市化进程不断加快，大城市数量增加的同时其规模也在不断扩大，这为市辖区的发展提供了必要的条件。我国市辖区体制的生成与发展有着独特的基础和条件，具有较强的中国特色。要想实现市辖区体制的有效改革，需要事先梳理我国市辖区体制生成与发展的"轨迹"，对其进行深层次的"寻根溯源"。

第一节　建制市：市辖区产生的基础

从"市辖区"的名称就可以看出其与城市的关系，即城市管辖的行政建制。因此，要研究市辖区体制改革的问题，必然需要厘清我国城市的基本理论。城市本质上是优质公共服务资源的集聚地，是人口、工商业和建筑密集的地理空间。[1] 而从字面上看，城市是由"城"和"市"组成的。"城"主要是指以防卫功能为主的，以城墙为界的据点，一般是地理要冲或交通"咽喉"。"而"市"主要是商品和劳动力交换贸易的场所。如《说文解字》就将"市"界定为"买卖所之也。"随着经济社

1　杨宏山：《城市管理学》，中国人民大学出版社 2019 年，第 1 页。

会及交通条件的发展，不同地区的交流逐渐增多，人口流动性增加，城市的保卫功能和贸易功能不断融合，逐步演化成了现代意义上的"城市"。我国的城市具有悠久的历史，其具有一条完整的发展轨迹。

一、中国古代城市的发展历程

我国是世界上最早出现"城市"的国家之一，有学者认为我国城市的历史可以追溯到距今 3950—4350 年的龙山时代，[1] 最初以一种聚落的形式出现，主要功能是防御保卫。商周时期，我国城市发展出现质的飞跃，城市的功能和等级进一步复杂化[2]，且城市间开始出现协同合作。特别是到了西周时期，礼乐制度和宗法制度的建立和完善，使城市的功能及布局发生巨大变化，以宗庙为中心的城市规划开始呈现，这在一定程度上体现城市开始具有统治工具的角色定位，其内涵的政治属性得到彰显。[3] 在这一时期，城市内部开始出现了"市"的雏形，但是在生产力不发达的商周时代，商品经济及相关贸易交易活动还较为落后，并未成为城市的主要功能。秦汉时期，国家统一后出现了较长的和平时期，城市的"防御保卫"功能虽然依然重要，但已经不是核心功能。随着生产力的发展，这一时期商品经济开始发展，城市中"市"的作用开始发挥，并逐步成为城市的主要功能之一。同时，随着交通的发达，城市交往开始提升，进而城市的规模和人口逐步扩大，西汉时期的长安城已经是当时世界上名列前茅的"大城市"。到了隋唐时期，城市的格局开始规范化，形成了"坊市制"，在继续保持城市防卫功能的基础上进一步细化居住、商业和文化等要素在城市中的功能规划。"坊市制"是一种分区域管理的形式，在一定程度上具有了城市辖区的雏形，但与现代

---

1   王银平：《长江中游新石器时代晚期的聚落级差及城市萌芽》，《中国历史文物》2008 年第2 期。
2   薛凤旋：《中国城市及其文明的演变》，世界图书出版公司 2014 年，第 91 页。
3   何李：《中国市制改革的理论研究》，中国社会科学出版社 2019 年，第 56 页。

的市辖区还是具有根本性的差别。同时，在国家范围内，不同地区形成了具有当地特色的城市建设布局和文化习俗，城市类型出现明显的划分。

"两宋"时期是我国城市发展的一个里程碑。宋朝经济社会发展空前，在规模继续拓展的基础上，城市的繁荣程度也在不断提升。宋朝时期，各路都发展出了本区域的中心城市，并逐步成为地区的文化商业中心。在城市不断繁荣下，城乡开始明显分化，城市的功能除了防御保卫和贸易交易外，开始产生文化娱乐及公共服务供给的活动，这使得城市与乡村呈现出完全不同的两种图景。值得注意的是，宋朝时期的城市开始出现专门的城市管理部门——都厢制度，以求适应城市功能的变化和人口的增加。厢是指专门负责民事和刑事责任的部门，其行政地位介于城市与坊市之间，因为这一部门主要是设置在两宋时期的首都东京（开封）和临安（杭州），所以称之为"都厢"。这一制度的出现，标志着我国古代城市的发展进入了一个全新的阶段。

与两宋同时代的金朝，城市发展也进入到全新的阶段。虽然金朝是游牧民族建立的王朝，但其吸纳并借鉴了中原王朝国家治理的优势，在城市治理方面呈现出较为先进的特征。金朝开始对国内的城市进行类型划分，并在不同类型的城市设置相应的城市管理部门。如在六京设置警巡院，在设定为防御性城市及刺史州的治所所在城市设置司候司，在诸府与节镇设置录事司，掌同警巡使。这些管理部门的职责最初都是负责城市治安的维护。但是在城市发展的过程中，其职责范围逐步拓展到救灾、赋税、徭役、举贤、贸易、盐茶、农事等方面。[1] 值得注意的是，金朝设置的城市管理部门并没有成为后世官方认可的行政机构，其例证就是并没有被收录到《金史》之中。因此，这一时期的城市管理部门到底是不是算作城市行政管理体系的雏形还有待商榷。不过，有学者认为两宋时期的城市在一定程度上已经具备了现代城市的部分特征，至少从

1　李昌宪：《金代行政区划史》，上海古籍出版社 2015 年，第 111 页。

形态上可以被界定为"建制市"。[1] 但是，也有学者认为古代的市政机构与近现代的建制市存在着本质差异，一方面古代的城市管理机构缺乏制度的完备性，功能相对单一且不稳定。同时，相关的城市管理机构多设置在地方的治所所在地，多为治所的派出机构，并不具有普遍性。另一方面，这一时期城市与乡村的分化并不彻底，城市与农村的功能区划分也不清晰，因此不能够将其视为一种城市管理的稳定性机构，也就不能认为其具有建制市的特征。[2]

中国古代城市的发展进程较为缓慢，明清时期虽然出现了规模较大的城市，但依然没有跳出传统城市的功能范畴和规划布局，如明清时期的北京作为国家首都，其设计也是"四面筑城"，然后根据城市布局规划各区域的功能，因而产生了北京不同城门具有不同功能的格局。在城市管理方面，各种城市管理机构逐步增加，并且发挥的作用进一步具化，如市场管理、孤寡抚恤、救灾赈灾等。可以说，到了明清时期我国的城市已经具有行政城市的特征，但是还未成为真正意义上的"建制市"。

二、近代建制市的建立与变迁

建制市是城市行政化的体现，是一种地方行政建制。建制市的设立要符合一定的条件，并根据相应规定经特定程序进行审批。建制市并非我国自创，而是西方地方自治的产物，用以区别农村地区。[3] 我国城市发展的历史很久，但建制市的历史却不长。我国建制市的建立可以追溯到清朝末年。1905 年，清政府开始推行"新政"，其中有一条重要内容就是在借鉴西方城市建制经验的基础上建立现代城市制度。在经过"出洋考察"后，清政府决定推进建制市建设，于 1909 年颁布《城镇乡地

---

1   韩光辉、何峰：《宋辽金元城市建制与区域行政区划体系的演变》，《北京大学学报》（哲学社会科学版）2008 年第 2 期。

2   何李：《中国市制改革的理论研究》，中国社会科学出版社 2019 年，第 58 页。

3   潘小娟：《市政管理体制改革：理论与实践》，社会科学文献出版社 1998 年，第 6 页。

方自治章程》和《城镇乡地方自治选举章程》，希望借助西方地方自治下建制市的模式来建立中国的现代城市管理体制，这两部法规是我国关于建制市最早的法律性规章。这两部法规中明确规定了城市管理机构的设置规范，如城市的设置条件、城市行政区的边界划定、管理机构设置等。同时，也赋予城市卫生、道路、农工商、财政等方面的权利。但是这两部法规在1911年清王朝灭亡后便无疾而终。

民国建立初期，北洋政府继续探索建制市的建设。1921年，北洋政府政府颁布《市自治制》，这是我国第一部正式的关于建制市的制度性文件。同时，一些地方也开始尝试基于本地实际探索建制市的建设路径。广州市政府于1921年颁布《广州市暂行条例》，这标志着现代意义上的"广州市"正式成立，也是我国第一个建制市。广州市成立了市政厅，并下设行政委员会、参议处和审计处。从行政层级上看，这一时期的广州市与县同级，直接受广东省政府的管辖，虽然市长由省政府任命，但市政府依然拥有较大的独立权限，受上级政府直接管束较少。同一时期，江苏也进行了建制市建设的探索。北洋政府时期的江苏省政府颁布《江苏省暂行市乡制》，其中明确规定了设市的标准，即县政府所在地和5万人口以上的市镇村庄屯为市，这是典型的建制市的体现。江苏当时也将建制市作为县的平级政府进行设置，由省政府统一管辖。北洋政府时期，中央政府其实在不断尝试增加在地方建制市设立和运行中的影响，希望在模仿西方自治市的基础上融入中国的要素，但是鉴于当时国内局势的不稳定，建制市建设方面的很多构想并未能完全实现。

1927年南京国民政府成立后，针对北洋政府时期全国市制混乱的情况进行了一定的规制。1928年颁布《普通市组织法》和《特别市组织法》，将全国的城市划分为"普通市"和"特别市"并明确建制市设置标准，"普通市"由省政府管辖，"特别市"由中央政府管辖，两类建制市都需要由中央批准才可以建立。1930年，颁布的《市组织法》取代原来的《普通市组织法》和《特别市组织法》。该法案提高了设置标准，并将建制市改为"院辖市"（即行政院管辖）和"省辖市"。1943年和

1947 年，根据建制市的实际运行情况对《市组织法》进行了两次修改，相较于 1930 年建制市的设置标准有所降低，人口超过 20 万的地区即可设市，同时进一步明确城市为自治单位，在履行自治责任的同时完成上级政府的任务。但是这一时期的市制存在一些很明显的问题：一是虽然相关法规明确建制市是自治单位，但实际上并没有实现。由于国民党内部的派系及当时国内关系的杂乱，政治势力始终控制着行政，所以建制市也不可能实现法律规定的真正的自治。同时，基层实行保甲制度，这本身就是违背地方自治的一种制度，与建制市的自治原则产生直接的矛盾。二是当时的中国国内极其不稳定，长期的战争和动乱造成地方行政建制变动性较大，且央地关系不正常。加之，地方军阀的存在，很多市制改革的构想根本无法实现。三是建制市管理存在混乱。1947 年修改《市组织法》后，建制市被分为院辖市、省辖市和县辖市，建制市跨越的层级偏多，地域辖区差异较大，造成管理不畅。

这一时期，中国共产党在其领导下的根据地和解放区也尝试了建制市的建设。当时，中国共产党领导下的根据地和解放区多以农村为主，并没有较大的城市，对建制市的建设探索是在其管辖的为数不多的中小城市展开的。如 1937 年，陕甘宁边区政府颁发命令，成立延安市。命令中规定了延安市为边区政府所在地，明确延安市在市政、公安、民政、卫生、消防、基础建设等方面的职责。设立延安市主要目的是巩固党在陕甘宁边区的领导。从总体来看，新中国成立前，在党领导的根据地和解放区设置的建制市主要分为三个类型：边区管辖市、行署管辖市和县辖市。边区管辖市多为根据地的主要城市，如晋察冀边区的张家口市，就是当时党领导下的主要城市。行署城市主要是各根据地和解放区根据需要，结合当地城市发展情况设置的建制市，如太行行署的邢台市、冀南行署的临清市等。因为当时各根据地党委具有设置建制市的自主权，所以行署管辖市的设置随意性较大。县辖市其实就是乡一级的建制市，1941 年颁布的《陕甘宁边区各乡市政府组织暂行条例》规定县辖市（乡市制）采用议行合一的委员会制度。但从其体量和规模上来看就是乡镇，其实不应该算作是建制市。党在新中国成立前的建制市建设主要还是为了革命的需要，由于当时很多建制市与国民党政府的市制规定杂糅在一起，所以总体来看建制市制度还是较为混乱的，但是一些初探性的尝试却为新中国成立后的城市管理制度建构积累了宝贵的经验。

三、新中国成立后的城市制度建构

1949 年新中国成立后到 1978 年改革开放前，我国城市制度的建设主要是依托计划经济展开的，在参考苏联市制的基础上形成了具有我国特色的城市管理制度。新中国成立初期，因全国还未完全解放，为了巩固新生的人民政权，中央并未对全国的建制市进行较大的调整，基本还是沿用原有的市制架构，这就使各地城市管理制度随意性较强。1955年，颁布《国务院关于设置市、镇建制的决定》，规定了新中国建制市设置与撤销的条件。同时，根据不同地区的情况对相应城市进行功能规划，如根据交通枢纽、能源矿产等定位城市。城市与农村之间的界限逐步清晰，城乡分治开始形成。这一时期的城市管理具有较强的国家主导性。

在规范了建制市的立废条件后，中央开始对城市的具体功能进行改造。毛泽东主席在党的七届二中全会上指出，"城市中的其他工作，都必须紧紧围绕着生产建设这个中心工作并为这个中心工作服务……只有将城市的生产建设工作恢复和发展起来了，将消费城市变成生产城市，并使工人和一般人民的生活有所改善，我们的政权才能够巩固。"[1] 由此可见，在巩固新生政权及建立社会主义制度之后，我们党开始将城市从"消费城市"改造为"生产城市"，其主要目的除了巩固人民政权外，还要促进经济社会发展，提高人民群众的生活水平。从总体来看，新中国

1　《毛泽东选集》（第 4 卷），人民出版社 1991 年，第 1428 页。

成立到改革开放前我国建制市虽然出现波动，但稳步增加。1949 年我国城市数量为 132 个，到 1978 年则增加到 193 个。在计划经济体制下，这一时期城市管理的特点可以归纳为以下几个方面：一是明确了建制市的立废标准，使城市管理更加规范。二是将城市改造为工业导向的生产城市，城乡分治模式定型。三是政策导向下的城市变化较为明显。如 1962 年中央下达《关于当前城市工作若干问题的指示》，将建制市从 1961 年的 208 个减少到 1963 年的 179 个。又如"大跃进"时期，城市数量明显增加。四是初步尝试市领导县体制，用以满足城市消费的需要。五、根据不同地区和城市的情况界定城市功能，如以交通功能为主的石家庄、以能源功能为主的大庆和克拉玛依等。

改革开放后，中央在城市建设与管理方面的理念发生重大变化，特别是在市场经济体制确立后，城市管理开始向现代化发展。归纳而言，改革开放后我国在市制改革方面的特征主要有三个方面：第一，建制市数量稳步增加。1983 年我国建制市（除直辖市外）共 286 个，其中地级市 144 个，县级市 122 个。在市场经济体制确立之后，因为经济社会发展的现实需要，建制市明显增加。1993 年我国建制市（除直辖市外）共 567 个，其中地级市 196 个，县级市 371 个。经过 20 年的发展，到 2013 年，除直辖市外，全国建制市共 654 个，其中地级市 286 个，县级市 368 个。截至 2022 年 8 月，除直辖市外，全国共有地级市 293 个，县级市 394 个，共 687 个建制市。第二，城市行政层级多样化。随着经济社会发展和国家治理的现实需要，改革开放后的建制市类型更加多样化。当前，根据行政层级可以将建制市分为直辖市、省辖市（副省级市、地级市）、县级市。第三，设市的标准逐步精细化。1986 年，国务院批转《民政部关于调整设市标准和市领导县条件的报告》，明确常住人口、非农业人口和年国民生产总值为主要标准。1993 年，国务院批转《民政部关于调整设市标准的报告》将人口密度、工业产值、国内生产总值、第三产业比重和地方收入等指标纳入到标准之中。1999 年《民政部关于调整地区建制有关问题的通知》中将财政总收入等纳入到标准中，并形成分类指导原则。第四，设市的模式多维化。改革开放后，设市的模式主要有整县改市、切块设市、地区与县合并、多区城组合等方式，形成了多维化的建制市设立模式。

当前，我国建制市的设置、运行、调整、废止等得到充分的规范，并相对稳定，这是我国现代城市管理的实现。接下来，我国的城市管理将向着更加精细化的方向发展，这就无法绕过市辖区这一关键因素。

四、建制市与市辖区

建制市是市辖区的"母体"，没有建制市就没有市辖区。随着经济社会发展，我国城市化进程加快，城市的人口和规模也不断扩大，产业布局日趋复杂化。同时，现代城市在社会治理和公共服务方面的职能不断延伸，城市治理越来越精细，这大大增加了城市政府在治理方面的事务。总而言之，就是城市功能日益精细化和复杂化。一是现代城市兼具综合性和特色性。无论城市大小基本上都具有"五脏俱全"的基本职能，如环境保护、公共服务、社会治理、市场监管等。同时，不同的城市还具有特定的产业和功能，如交通枢纽的城市其政府就具有更重要的交通管理职能，旅游型城市其文化旅游服务的功能就更加凸显。值得注意的是，第三产业的飞速发展也是现代城市治理压力增加的一个重要方面。二是城市空间结构发生变化。当前我国的大部分城市都具有明显地域功能分工，如住宅片区、文教片区、商业片区、工业片区等，空间结构的变化使人们生活的方式也发生改变，附加的交通、教育、医疗、社保等问题也裹挟其中，使得城市治理的范畴不断扩大。三是城市集聚化现象出现。当前我国城市根据人口规模已经形成了超大城市、特大城市、大城市和中小城市的划分。超大、特大及大城市都具有较强的人口和资源的虹吸效应，城市保障居民居住、生活、出行等方面的事务量骤然增加，这无疑给城市治理增加了"负重"。

在此背景下，单靠城市政府是无法完成有效履行相应职责的。因此，为了满足现代治理的需要在城市和基层治理设置一个"帮手"型的政区——市辖区。从这个角度来说，市辖区本质上就是建制市为了满足城市治理的现实需要而设置的"分治型"政区。因此，市辖区具有与其他县级行政建制完全不同的角色定位和功能职责。但是，因为我国建制市的类型较多，市辖区主要出现于地级市和直辖市。当前，我国除广东省东莞市、中山市，海南省儋州市，甘肃省嘉峪关市外，直辖市和地级市都设置了市辖区，其中包括 57 个单区市（只设置一个市辖区）。虽然目前还有极少的县级行政建制设置了"区"，但那与市辖区并无直接关系。由此可见，市辖区是地级市以上的建制市为了满足现代城市治理的现实需要而设置的特定行政建制。值得注意的是，虽然县级市不设辖区，但是并不代表县级市与市辖区没有关系。当前，我国的市辖区很多是由原县级市撤销改设的，其具有很强的关联性和传承性。这一部分县级市或县改设的市辖区也是当前我国市辖区的主要来源之一，对其进行重点研究也是非常有必要的。

第二节　县制：市辖区建构的框架

我国绝大部分的市辖区（直辖市和部分城市市辖区除外）都是县级行政建制，即按照县制建构了市辖区体制。由此可见，县制是市辖区体制的"骨骼"，搭建了市辖区体制的基本框架。因此，梳理我国县制的发展历程，对于我国市辖区体制的研究具有重要的意义。

一、县制的沿革

县是我国历史最为悠久的行政建制，其历史可以追溯到春秋时期。县是我国重要的基层行政单位，县制在我国的历史上具有至关重要的意义。时至今日，县制在我国政府行政管理和基层治理中依然发挥着重要的作用。虽然县制起源于春秋时期（一说为楚国首创），但其成为全国性的基层行政单位是在秦始皇统一六国之后。秦朝建立后，废分封，置郡县，将天下分为三十六郡（后增加至四十八郡）。郡下设县，作为基层行政单位，自此确立了我国的县制。

秦朝将县分等，万户以上的县称之为"令"，而万户以下的县称之为"长"。汉朝基本沿用秦朝的制度，西汉时期全国共设 103 郡，下设 1314 县。东汉时期全国设置 97 郡，下设 966 县。汉朝时期设置刺史，虽然后来演化为地方最高行政长官，但并未从实质上影响到行政建制的结构。魏晋南北朝时期，在郡县制的基础上增加州的建制，统辖郡县。隋朝时期撤销郡的建制，实行州、县二级行政建制。到了唐朝，在州县之上增加道，恢复三级行政建制。两宋时期，道的建制被撤销，在州县之上设置路，在州县之下设置乡，我国地方政府在历史上第一次出现四级行政建制。元朝建立行省制度，也并未改变县制，而是将县分为上中下三等，对县制进行了细化。明朝建立后，继续沿用元朝的行省制度，建立省、府（州）、县的三级行政建制。清朝基本沿用明朝制度，在省与府（州）之间增设道，并在县下设置里。不过从现实看，县依然是基层的行政建制。[1] 由此可见，县是我国历史上最为稳定的行政建制和行政区划，从两千多年前的秦朝至今，县一直存在。"自两千多年前秦始皇统一六国，广泛实行郡县制后，汉承秦制，历朝历代的各行政层次曾有较大的嬗变，唯独县制无朝废设。"[2] 这说明县制非常适合我国的基层治理，所以才能保持如此长久的稳定性。

清朝灭亡后，北洋政府将地方行政层级设置为四级，即省、道、县、镇，县依然是基层最为重要的行政建制。1927 年，国民党政府撤销了道，将地方行政层级调整为省、行政督察区、市（县）、镇四级。1928 年，我国的县接近 2000 个。但是因为民国时期国家动荡，战争频

1　参见周振鹤：《中国历代行政区划的变迁》，中国国际广播出版社 2010 年。

2　高焕喜：《县域经济发展论》，山东人民出版社 2005 年，第 4 页。

发，地方的基层行政建制多有调整，其归属也不稳定，但是县一直保持着其基本功能。

新中国成立后，我国行政区划几经调整，地方政府层级的变迁主要在三层级地方政府和四层级地方政府间徘徊。1982 年现行宪法颁布后，我国地方政府行政层级稳定在四级（直辖市除外），即省级政府、市级政府、县级政府和乡镇基层政府。之所以称之为县级政府，是因为我国县级行政建制除了县以外，还包括自治县、县级市、旗、自治旗、林区、特区，当然也包括市辖区。当前，县级政府是我国直接面向基层且机构体系完整的一级政府，其对于基层治理的重要性是不言而喻的，因此，传统中国社会习惯称县级政府的行政长官为"父母官"。县级政府受省级政府或市级政府的领导，也领导乡镇基层政府。截至 2022 年 8 月，我国共有 1472 个县，394 个县级市、117 个自治县、49 个旗、3 个自治旗、1 个林区、1 个特区及 967 个市辖区。由此可见，相较于历史上其他时期，当前我国县制的范畴大大拓展，依然保持着举足轻重的作用和地位。

二、县制的职能

县制的职能即指县级政府所发挥的功能和承担的职责。我国县制的职能主要由《宪法》和《地方各级人民代表大会和地方各级人民政府组织法》规定。《宪法》规定了我国县级政府的总体职能，即职能定位。《宪法》第一百零七条规定，县级以上地方各级人民政府依照法律规定的权限，管理本行政区内的经济、教育、科学、文化、卫生、体育事业、城乡建设事业和财政、民政、公安、民族事务、司法行政、计划生育等行政工作，发布决定和命令，任免、培训、考核和奖惩行政工作人员。而县制的具体职能则由《地方各级人民代表大会和地方各级人民政府组织法》具体规定。归纳而言，主要为：

第一，明确县级政府的价值取向。根据《地方各级人民代表大会和地方各级人民政府组织法》第六十一条至六十五条的规定，县级政府应当维护宪法和法律的权威，坚持依法行政，建设智能科学、权责法定、执法严明、公开公正、智能高效、廉洁诚信、人民满意的法治政府；应当坚持以人民为中心，全心全意为人民服务，提高行政效能，建设服务型政府；应当严格执行廉洁从政各项规定，加强廉政建设，建设廉洁政府；应当坚持诚信原则，加强政务诚信建设，建设诚信政府。由此可见，法治政府、服务型政府、廉洁政府和诚信政府是我国县级政府的建设定位，也是县制职能的基本价值取向。

第二，明确县级政府的行政方向。根据《地方各级人民代表大会和地方各级人民政府组织法》第六十六条至六十八条的规定，县级政府应当坚持政务公开，全面推进决策、执行、管理、服务、结果公开，依法、及时、准确公开政府信息，推进政务数据有序共享，提高政府工作的透明度；应当坚持科学决策、民主决策、依法决策，提高决策的质量；应当依法接受监督，确保行政权力依法正确行使。

第三，规定县级政府的具体职权。《地方各级人民代表大会和地方各级人民政府组织法》第七十三条详细规定了县级政府的具体职权：一是执行本级人大及其常委会的决议，以及上级国家行政机关的决定和命令，规定行政措施，发布决定和命令；二是领导其所属的工作部门和下级人民政府的工作；三是改变或者撤销所属各工作部门的不适当的命令、指示和下级人民政府的不适当的决定、命令；四是依照法律的规定任免、培训、考核和奖惩国家行政机关工作人员；五是编制和执行国民经济和社会发展规划纲要、计划和预算，管理本行政区域内的经济、教育、科学、文化、卫生、体育、城乡建设等事业和生态环境保护、自然资源、财政、民政、社会保障、公安、民族事务、司法行政、人口与计划生育等行政工作；六是保护社会主义的全民所有财产和劳动群众集体所有的财产，保护公民私人所有的合法财产，维护社会秩序，保障公民的人身权利、民主权利和其他权利；七是履行国有资产管理职责；八是保护各种经济组织的合法权益；九是铸牢中华民族共同体意识，促进各民族广泛交往交流交融，保障少数民族的合法权利和权益，保障少数民族保持或者改革自己的风俗习惯的自由，帮助本行政区内的民族自治地方依照宪法和法律实行区域自治，帮助少数民族发展政治、经济和文化的建设事业；十是保障宪法和法律赋予妇女的男女平等、同工同酬和婚姻自由等各项权利；十一是办理上级国家行政机关交办的其他事项。

　　基于相关法律的规定，县制的职能涵盖了本行政区内经济、社会、文化等各方面的功能与职责。值得注意的是，县级政府因为是我国最为贴近人民群众的一级完整的政府建制，所以虽然层级不高但事务繁杂，其中很多都是具有很强执行性的服务性和保障性事务，也是我国基层治理的重要任务。县制在我国行政管理体系中具有举足轻重的作用。

三、县制与市辖区

　　市辖区虽然是建制市建设和现代城市管理的产物，但从整体设计和体系建构上基本上参照了县制。市辖区的组织结构和管理要素等参照县制进行设定大致有两方面原因：一方面是因为市管县体制的推行，使县被置于市级政府的管辖下，成为市级建制的组成部分。市辖区因为是城市为了实现有效治理而设置的政区，所以其必然属于市级政府管理，这样就天然地使市辖区和县成为同一等级的行政建制。因此，市辖区也就顺理成章地参照县制进行设定。另一方面，因为县级政府是我国最贴近基层的一级完整的政府，直接面向基层治理。而市辖区作为城市基层治理的重要行政单元，这种天然的类似性使市辖区参照县制来建构建制框架。同时，县制历史悠久，效能明显，且具有稳定的结构，是较为合适的参考对象。

　　具体而言，县制对市辖区建制框架的建构的贡献主要在于以下几个方面：一是行政级别。除了直辖市的市辖区外，全国绝大部分的市辖区都和县级建制同级，所以很多情况下市辖区也被作为县级行政建制的主要代表。这与市管县体制有着密切的关系，同时是市辖区自身地位和作用的反映。二是领导体系。根据相关法律法规，市辖区参照县制设置领导体系。设置市辖区党委作为领导机构，市辖区政府作为行政机关。党委与县制相同，由党委书记、副书记及党委常委、党委委员组成。而市辖区政府则由区长、副区长、秘书长等组成，区长一般由党委副书记兼任。三是机构设置。市辖区虽然是城市的分治型政区，但与县制一样，拥有党委、政府、人大、政协、法院、检察院、纪委监委等一套完整的机构体系。这是市辖区参照县制建构的重要标志。四是运行机制。市辖区的运行机制也参照县制，从人大选举制度、党委决策机制、政府行政机制、政协协商机制、基层治理机制等多方面都具有高度的一致性。由此可见，县制如同市辖区的"骨骼"一般，是我国市辖区体制建构的框架。但是，市辖区体制及运行机制现实中也并非与县制一模一样，例如市辖区的财政管理制度就与其他县级政府差别较大。同时，因为很多市辖区的治理区划与所属城市的行政区划高度重合，所以在一些具体的治理方式上也与其他县级政府差异较大。不过从行政建制的框架来看，市辖区基本上承袭了县制。

第三节　治理：市辖区发展的动力

市辖区的产生与"治理"密切相关。首先，市辖区是城市为了提升治理有效性而设置的分治型政区。其次，市辖区的功能设定也是以提升城市的治理效能，优化城市治理结构为主要目标。最后，市辖区的发展变迁也是以治理的需要为导向。因此，可以说市辖区的建构理念、类型划分、职能定位、设置标准、发展变迁等都是围绕城市治理现代化的目标展开的。所以，治理是市辖区建构与发展的核心。

一、市辖区的概念与类型

市辖区是现代城市治理的基础载体和重要工具，也是城市行政体制的空间投影。[1] 因此，市辖区的本质就是现代城市为实现提升治理效率而设置的特定的城市行政建制和治理区划。市辖区产生的背景和原因主要为：第一，城市规模的不断扩大，治理难度增加。城市规模的扩大是经济社会发展的必然现象，其主要呈现为两个方面：一方面城市人口的快速增加。因为城市中教育、医疗、就业、工业、商贸等各类资源聚集，人口必然向城市集中，这就使城市的规模不断扩大。另一方面交通、通信等技术的发展，使人们的交流日益频繁，这也使得城市的空间规模进一步拓展。城市规模的不断扩大必然增加市级政府的管理难度，因此需要以地理空间为基础分区设置行政单位，用以保证城市扩张趋势下的有效治理。第二，城市功能结构日益具化。城市的功能可以理解为是城市的机能与作用。[2] 现代城市在经济社会与网络信息技术发展的背景下，机能和作用不断具体化和精细化，并呈现出从城市管理向城市治理转型的特征。城市除了原有的政治管理功能外，公共服务功能、工业商业功能、社会交流功能、学习教育功能等都日趋细化，这无疑增加了城市管理的幅度与难度，设置市辖区实行分治化管理是有效应对城市功能具化的方法。第三，城市治理的精细化。在城市规模日益扩大及资源分配均等化的大趋势下，城市管理除了转向治理外，还开始向着更加精细化的方向发展。城市治理的精细化要求在城市治理的过程中除传统的行政手段外，充分运用市场、法律、社会等多方面的方式，实现城市治理的目标量化、分工细化、职责清晰化，倡导城市治理的细致、规范、深入、合理等。这一目标的实现单靠城市政府肯定是无法有效达成的，

1　邱实：《发展竞争中的利益协同：撤县（市）设区的发生逻辑及市区关系研究》，《经济社会体制比较》2022 年第 6 期。

2　杨宏山：《城市管理学》，中国人民大学出版社 2019 年，第 15 页。

因此需要设置市辖区来分片"包干"，使各项治理精细化的目标能够具体落实。

基于此，市辖区的概念可以界定为现代城市为了提升治理效能和实现治理现代化，依据一定的标准和法定程序建立的分治型政区。市辖区既是城市的行政区划，也是城市行政管理的重要层级。市辖区作为城市的分治型政区，与其他同级行政单位具有一些差异，这也是其特征的体现。具体而言：一是大部分市辖区都是城市的核心组成，是城市区域经济发展的中心，与城市核心地区在地理空间上具有高度的重合性；二是一般情况下市辖区居民都以城镇人口为主，城市化程度水平较高，且人口密度大，流动人口较为集中；三是市辖区相较于同等级的其他地方行政单位，其经济较为发达，且第三产业比重很高；四是市辖区的文化、金融、商业、贸易等较为发达，有的市辖区甚至是所在城市相关产业的核心地区；五是大部分市辖区的管辖区域多是以街道为主，而一部分城市化进程中的市辖区管辖地区包括较多乡镇。

根据市辖区体制的现实情况，根据地理空间、治理范畴、功能作用和行政层级，我国市辖区的类型大致可以从以下几个方面出发进行分类：

（一）根据市辖区的地理空间分类

根据市辖区所处的地理空间及附加的相关要素，可以将市辖区的类型分为：（1）"城区"型市辖区。这种类型的市辖区市制设置于城市的建成区（即主城区），其行政区划与所属城市高度重合，因此其通常被称为"城区"。"城区"型市辖区一般居民都为非农业人口，第二、第三产业的比重很大，通常都是所在城市的核心区域，下辖建制多为街道。（2）"郊区"型市辖区。该类型的市辖区主要设在邻近城市核心区的近郊地区，前身一般为该城市或相邻城市管辖的县或县级市，其行政区划通常不与城市建成区重合，因此被称为"郊区"。"郊区"型市辖区的产生很多是由于"撤县（市）设区"，因此该类型的市辖区居民中农业人口比重偏大，且以第一产业与第二产业为主，其下辖建制多为乡镇。

"郊区"型市辖区都与所属城市具有特定的关联性。(3)"结合"型市辖区。这类市辖区一般设置在城市的周边,兼具"城区"和"郊区"的特征,其既管理街道又管理乡镇,其产生多因区块重组发生,因此可以称之为"结合"型。这一类市辖区主要是基于拓展城市发展空间,实行以城带乡的理念而组建的[1],是城市化发展进程中的产物。这一类市辖区目前在我国市辖区中所占比例较多。(4)"飞地"型市辖区。这种市辖区设在城市管辖范围以外的地区,即市辖区与所属城市之间隔着其他的行政区,如重庆市的万州区、西安市的阎良区等。还有一种市辖区建制可以称之为类似"飞地"型的市辖区,即设置在城市管辖范围内的其他城区,与主体城区之间被农村地区隔开的市辖区[2],如大连市的旅顺口区。

(二) 根据市辖区的治理范畴分类

根据市辖区的治理范畴与具体职责可以将其分为:(1)城市管理型市辖区。这类市辖区主要是以管理城市区域为主,与所属城市行政区划重合。城市管理型市辖区下辖行政单位主要是街道,一般情况下不辖乡镇。如北京市东城区、西城区,上海市静安区、徐汇区,南京市玄武区、鼓楼区等。城市管理型市辖区的治理范畴主要为城市管理、基础建设、社区治理、公共服务、区域经济等。城市管理型市辖区因为其行政区划与所属城市基本重叠,因此其"分治"性特征较强,与所属城市的关系非常密切。(2)农村管理型市辖区。虽然说市辖区从字面上是城市的分治型政区,但是随着城市的扩大,特别是市管县后城市也开始负责农村地区的管理。当前,有一些市辖区是通过撤县设区而设置的,虽然建制属性变化了,但短时间内依然保持着原有的"农村"管理特征。农村管理型市辖区下辖行政单位多为乡镇。这类市辖区的治理范畴主要围

1　洪振华:《中国市辖区行政管理体制改革研究》,湖南人民出版社 2008 年,第 43 页。

2　朱光磊、王雪丽:《市辖区体制改革初探》,《南开学报》(哲学社会科学版) 2013 年第 4 期。

绕农村建设展开的，如乡村振兴、农业管理等，同时也承担所管辖地区的民政、司法、教育、文化、卫生、治安等职责。农村管理型市辖区的权限相较于城市管理型市辖区更大一些，因为其特定的管辖地区及在设置过程中与所属城市进行协商所得。总体来看，农村管理型市辖区基本上都具有较强的过渡性，随着城市化进程的推进，其大多会发展为融合管理型市辖区或城市管理型市辖区。（3）融合管理型市辖区。这一类型的市辖区其下辖行政单位既有街道，也有乡镇。该类型市辖区的产生多是因为城市规模扩张，或推进城市化指标而设置的。因此，该类型市辖区的特点就是城乡融合性，既具有城市管理的职责，又具有农村管理的职责，其机构设置也具有城乡融合性的特征，如上海市宝山区、南京市溧水区等都是融合型市辖区。

（三）　根据市辖区的功能作用分类

市辖区根据其功能作用可以分为综合型市辖区、文教型市辖区、工业型市辖区、旅游型市辖区、商业型市辖区等。（1）综合型市辖区。这类市辖区功能较为齐全，一般情况下其辖区内住宅、工业、文教、科技、金融等产业布局基本完整，一般是所属城市的核心区域。（2）文教型市辖区。这是以文教科研为主要产业布局的市辖区。该市辖区内通常从中小学到高等院校、科研院所等齐备，文教科技资源丰富。（3）工业型市辖区。这类市辖区以第二产业为主导，辖区内各类工业企业较多，相关产业结构布局完整。一般情况下，工业型市辖区是所属城市重要的经济支撑，且市辖区规模一般较大，人口众多。值得注意的是，这类市辖区通常围绕特定的矿产资源或能源产业设置，也有部分工业型市辖区是围绕金融、科技及相关配套产业设置的。（4）旅游型市辖区。该类型市辖区内通常具有丰富的历史人文、自然风景、独特气候等资源，围绕相关资源建立起较为完整的旅游体系，并以此为主要产业。旅游型市辖区一般交通也较为发达，通常为所属城市的重要交通枢纽。（5）商业型市辖区。商业型市辖区主要是所属城市的商贸中心，通常是城市商圈所在地，消费性特征较为明显。

（四）根据市辖区的行政层级分类

行政层级是较为传统的分类方式。但行政层级可以从两个方面来理解：一是市辖区作为行政建制的级别；二是市辖区主要领导（区委书记、区长）的行政级别。从行政建制级别的角度来看，我国市辖区可以分为副省级、地市级和县级。副省级市辖区主要存在于直辖市，且我国目前只有上海浦东新区、天津滨海新区和重庆两江新区三个副省级区；地市级的市辖区主要存在于直辖市和副省级市；而我国的大部分的市辖区则为县级。从市辖区主要领导的行政级别来看，直辖市下辖的市辖区主要领导的行政级别普遍为正厅（局）级，副省级市下辖的市辖区主要领导主要为副厅（局）级，若市辖区主要领导兼任所属市的市委常委，则可能为正厅（局）级。大部分地级市的市辖区主要领导则为正处级，少数兼任所属市的市委常委则可能为副厅（局）级。

二、市辖区的设置标准

我国的市辖区体制是随着现代城市制度的建立而出现的，在不同时期其设置标准也具有较大差异。在新中国成立之前，市辖区多为"自治"单位，同时因为国家政治的不稳定，造成具体的设置标准几经变迁。新中国成立后，根据政权建设与社会主义发展的需要，制定并适时调整市辖区的设置标准。改革开放后，为了适应现代化的发展需要，市辖区的设置标准也随着经济社会发展的现实而变化。截至目前，从法律法规的层面来看，我国还没有颁布一个正式的《市辖区设置标准》，目前使用的是 2014 年民政部起草的《市辖区设置标准（征求意见稿）》。

（一）新中国成立前城市辖区设置标准的变迁

1908 年，清政府颁布《城镇乡地方自治章程》，其中对地方政府建制进行了规定，但未明确提出"城市辖区"的概念。1910 年，清政府在其最后的时刻颁布了《京师地方自治章程》，这是我国近现代第一部以法律文本的形式呈现的关于城市辖区的设置标准，但是因为清王朝的覆灭，这一章程并未落实。1911 年辛亥革命后江苏宣布"光复"，于当年颁布参照清政府《城镇乡地方自治章程》而制定的《江苏暂行市乡制》，其中规定县治城厢地方为市，城区过大或者人口满 10 万的市可划分为若干区进行管理。[1] 这是我国历史上第一次以法律的形式将"市辖区"载明在我国行政区划体系中。1921 年，北洋政府颁布了《市自治制》，将我国的城市划分为"特别市"和"普通市"，其中"特别市"可以设置若干区，每个区设董事 1 名用以承担辖区内及市长交办事务，这是我国第一次从中央政府的层面颁布关于市辖区的文件。这份法律文件在一定程度上参考了清政府未实行的相关地方自治章程。1925 年，北洋政府再次颁布《淞沪特别市自治条例》，对特别市的辖区设置进行了详细的规定，这是第一个对城市辖区的设置细则进行具体规定的文件。

1928 年，南京国民政府成立后分别颁布了《特别市组织法》和《普通市组织法》，明确规定市可以分为若干区以方便管理。1930 年，南京国民政府颁布《市组织法》取代原先的《特别市组织法》和《普通市组织法》，在将"特别市"改为"院辖市"，"普通市"改为"省辖市"的同时规定市可以设置区、坊及闾、邻等行政单位。其中，区、坊实行自治，区设区公所，区长负责辖区内的自治事务。1943 年，《市组织法》进行修订，明确市以下设置区和保甲两级，其他行政单位和行政层级被精简。1947 年，《直辖市自治通则》和《市自治通则》颁布，将全国城市分为直辖市、省辖市和县辖市，其中直辖市和省辖市可分设若干区进行城市管理。但是，这一时期我国政治不稳定，战争频发，这一时期的城市辖区设置标准不明确，且变动较为剧烈，加之国民党政府的腐败，很多城市辖区的行政制度没有真正落实到位。

1　戴均良：《中国市制》，中国地图出版社 2000 年，第 95 页。

（二） 新中国成立后市辖区设置标准的确立

新中国成立后，我国开始对城市管理进行革新，其中市辖区设置标准的确立就是重要内容。1950 年 11 月，当时的中央人民政府政务院颁布《大城市区各界人民代表会议组织通则》和《大城市区人民政府组织通则》，规定人口超过 10 万的城市，应该召开区各界人民代表会议，并建立区人民政府，这标志着新中国对市辖区体制的关注。1954 年，我国第一部《宪法》颁布，其中规定"直辖市和较大的市分为区"，这标志着从根本大法的层面确立了市辖区作为我国行政区划建制的法律地位，也表明城市是市辖区设置的依托。同年颁布的《地方组织法》规定要在市辖区设置人民代表大会和人民委员会，这表明市辖区是城市管理中的一级实体行政建制。

1955 年，国务院颁布《关于设置市、镇建制的决定》，其规定"人口在二十万以上的市，如确有分设区的必要，可以设市辖区。人口在二十万以下的市，一般不应设市辖区；已经设了的，除具有特殊情况，经省人民委员会或自治区机关审查批准保留者外，均应撤销，分别设立街道办事处，作为市人民委员会的派出机关。需要设市辖区的，也不应多设。"这份文件首次明确了"市辖区"的具体概念，并细化其设置的基本标准。这份文件对市辖区的设置保持较为谨慎的态度，同时表示并不是每个城市都需要设置市辖区。这份文件中涉及特殊地区设置市辖区的标准，在"工矿基地，规模小、人口不多，在市附近，且在经济建设上与市的联系密切的，可以划分为市辖区"。这一规定是针对新中国成立初期经济社会恢复和工业建设的特点而规定的。1955 年出台的关于市辖区设置的标准主要是以城市人口为标准，同时以城市发展要素为参考的。这是新中国成立后第一份关于市辖区设置标准的文件。1979 年，全国人大审议通过的《地方组织法》中，在明确列举地方行政单位的同时，规定"市辖区为县级行政单位"。这从法律层面细化了市辖区的行政级别，使"市辖区"的名称与本质相符合。在此之后，县辖区大部分被撤销。

（三）改革开放后市辖区设置标准的完善

1982 年，现行《宪法》颁布，其中第三十条第三款规定"直辖市和较大的市分为区、县"。这是目前对于市辖区概念和定位最为权威的认证。无论是《宪法》还是《地方组织法》都没有明确市辖区设置的具体标准。2003 年，民政部召开了全国部分省区市行政区划工作座谈会，其中有一个主体就是探索制定符合现实需要的《市辖区设置标准》。但是此次会议后，该项工作暂时搁置，一直到 2014 年 3 月，国家发展和改革委员会发布《国家新型城镇化规划（2014—2020）》，提出要制定市辖区的设置标准，实现市辖区体制的优化。同年 10 月，民政部发布《市辖区设置标准（征求意见稿）》，该文件成为 1955 年后第二个详细规范市辖区设置标准的细则。2018 年，国家发展和改革委员会发布《关于实施2018 年推进新型城镇化建设重点任务的通知》，提出要对市辖区的规模结构进行优化，要尽快制定并完善《市辖区设置标准》和《市辖区设置审核办法》。遗憾的是，到目前为止，正式的《市辖区设置标准》依然没有出台，当前使用的依然是《市辖区设置标准（征求意见稿）》。

民政部于 2014 年发布的《市辖区设置标准（征求意见稿）》系统地对市辖区设置细节进行了规范。具体而言：

第一，对市辖区的设置主体进行了明确，即直辖市和地级市可以设置市辖区。

第二，基于城市总人口与平均人口制定细致的市辖区设置规范。《标准》中明确市区总人口为 100 万人以下的市，平均每 40 万人可以设置 1 个市辖区；市区总人口 100 万—300 万人的市，平均每 50 万人可设立 1 个市辖区；市区总人口 300 万人以上的市，平均每 60 万人可设立 1 个市辖区。最小的市辖区人口不得少于 25 万人，其中非农业人口不得少于 10 万人。

第三，从产业、地域和功能的角度对市辖区的设置标准进行了丰富。与市区连片的工矿区、林区、旅游风景区、港口区、开发区及其它自成一体的地域，可单独设立市辖区，但其总人口、非农业人口不得低于最小市辖区标准，并且经济发达、公共基础设施较为完善。

第四，确立市辖区设置的基本原则，即市辖区的设置要规模适度，布局合理，不得形成飞地。

第五，规范城市主城区以外的郊县地区设置市辖区的标准。中心城市郊县（县级市）改设市辖区，需达到下列标准：（1）县（市）域与城区的基础设施建设和国土开发利用连为一体，部分区域已纳入城市总体规划的市区规划范围。（2）全县（市）就业人口中从事非农产业的人口不低于70%；第二产业、第三产业产值在国内生产总值中的比重达到75%以上。（3）改设市辖区的县（市），全县（市）国内生产总值、财政收入不低于上一年本市市辖区的平均水平或人均国内生产总值，人均财政收入不低于上一年本市市辖区的平均水平。

第六，规范市辖区调整及变更。市辖区的设立、撤销、更名、政府驻地迁移等重大调整事项，按照国务院关于行政区划管理的有关规定办理。

虽然该文件为征求意见稿，但是基本明确我国市辖区设置的标准，希望在不久的将来能够在此基础上出台科学、细致、规范的《市辖区设置标准》。

三、市辖区的发展历程

新中国成立前的城市辖区与当前我国的市辖区从形式和内涵上都具有很大差异，因此在探讨市辖区发展历程时对其不做探讨，本部分主要针对新中国成立后我国的市辖区发展进行梳理。

（一）新中国成立后市辖区的变迁过程

新中国成立后，我国大致经历了稳定人民政权、实现社会主义改造和建立计划经济体制的三个重要阶段。市辖区作为城市管理的重要建制，其变迁也蕴含于这个过程之中。

1. 政权稳定过程中的不规范增长（1949—1954）

新中国成立后，党中央的首要任务是稳定新生的人民政权，因此对我国的行政区划进行较大规模的调整，以求适应新中国政治建设与国家治理的需要。在此过程中，市辖区因为缺少必要的规范而出现了不规范增长的情况。从 1949 年到 1951 年间，涉及市辖区的文件就有《内务部关于统一行政区划变更权限的规定》《大城市区各界人民代表会议组织通则》《大城市区人民政府组织通则》和《关于人民民主政权建立工作的指示》等。但总体来看，在政权建立初期其约束力较弱，法律文本的规范性也不强。因此，这一时期的市辖区的设置权限多由各大中城市自己掌控。在各类文件的指导下，各地区的城市开始增设市辖区，造成市辖区数量的快速增加。1949 年我国市辖区的数量为 349 个，到 1953 年则增加到 794 个，到 1954 年达到 821 个。不过值得注意的是，因为新中国成立初期，我国的大中城市主要集中于东部沿海地区，因此这一时期市辖区在全国的分布不均衡，全国市辖区一半以上集中在东部沿海的大中城市。同时，这一时期我国市辖区呈现"小区制"特征，一些城市设置市辖区数量偏多，这也是造成这一时期市辖区不规范增长的主要原因。

2. 基本制度建构下的规范约束（1955—1957）

1954 年第一届全国人大召开后，我国第一部《宪法》颁布，其他相应的法律法规也陆续出台，新生的人民政权趋于稳定，开始进入到社会主义制度的建设中。前文所述，《宪法》《地方组织法》和《国务院关于设置市、镇建制的规定》陆续出台，根据相关法律法规，市辖区的设置权限被集中到省级的人民委员手中，并明确了对市辖区设置的谨慎态度，明确设置市辖区的总体原则，有效控制市辖区的增长。同时，对已经设置的市辖区进行相应整合，减少了市辖区的总体数量，1956 年我国市辖区总数减少至 396 个。

3. 计划经济体制下的不规则波动（1958—1977）

随着 1956 年三大社会主义改造的完成及 1957 年"一五计划"的提前完成，我国完成计划经济体制的构建。在高度集中的计划经济体制下，城市发展进入了一个全新的阶段，城乡二元结构和市县分治模式形成。城市逐步成为工业化发展的核心，城镇人口开始增加。同时，农村也为城市的发展提供了必要的资源支撑[1]，使城市发展更加"饱满"。上述条件对于市辖区的变动都产生了影响。这一时期，各类客观条件也在影响着城市及市辖区的发展变迁。如"三年困难时期"造成的粮食减产使城市人口逐步向农村"回流"，"大跃进"等政治运动的开展及 1966 年"文革"的爆发使全国行政区划出现混乱等都造成市辖区发展的不规则波动。根据中央人民政府官方网站上全国行政区划统计数据可知，1958 年全国市辖区总数为 377 个，1959 年为 357 个，1960 年则减少到 276 个。到 1962 年市辖区数量又增加到 356 个，到 1965 年减少至 302 个。1976 年"文革"结束后全国市辖区数量增加到 410 个，到改革开放前的 1977 年为 418 个。

由此可见，1958 年至 1960 年间，我国市辖区规模呈现为缩减状态。而 1961 年至 1962 年我国市辖区规模又呈增长趋势，而到 1965 年下降幅度又较为明显。1966 年"文革"开始后，我国行政区划出现混乱，1976 年"文革"结束后市辖区又出现大幅增长。到改革开放前，市辖区呈现小幅增长趋势。这充分表明这一时期我国市辖区发展的不规则波动性。

（二）改革开放后市辖区的发展演进

改革开放后，特别是现行《宪法》和《地方组织法》的颁布，促成我国当前市辖区体制的形成。这一时期市辖区的发展演进主要以社会主

1　赵彪：《改革以来我国市辖区体制变迁与空间扩展及政区优化研究》，华东师范大学出版社 2019 年。

义市场经济体制的建设与完善为核心，以经济社会发展、现代城市建设等为条件，形成了具有中国特色的市辖区发展"轨迹"。总体来看，改革开放后因为经济社会发展与城市化进程的加快，我国市辖区总体呈现增长的态势，只是在不同时期具有不同的发展特征。综合而言，改革开放后市辖区的发展演进可以归纳为以下几个时期：

1. 快速增长阶段（1979—1985）

改革开放以后，我国逐步开始推进经济体制改革，城市治理的职能范畴拓展，相应的治理事务不断增加。因此，城市需要增设市辖区来保证相应治理事务的完成。同时，1983 年在全国范围内实行市管县体制改革，撤地设市逐步增加，所以地级市的数量也在增加。因而，市辖区的数量出现了快速增长的情况。1979 年，全国共有 428 个市辖区，到1985 年增加到 621 个，6 年左右的时间全国的市辖区增长了 193 个，平均每年增加 32 个左右，增加幅度和速度都很快。其中，1980 年和 1984年的增幅最大。1980 年全国市辖区 511 个，相较于 1979 年增加了 83个；1984 年全国市辖区 595 个，相较于 1983 年增加了 73 个。1980 年的增长主要是受改革开放后城市建设恢复与发展的影响，城市治理任务急剧增多，需要增设市辖区完成相应治理任务。而 1984 年市辖区的增加主要是受"撤地设市"下地级市增加和市管县体制的影响。这一时期，虽然市辖区增加速度很快，但依然存在一定程度设置不规范的问题，这也是后面对市辖区设置进行调控的原因。

2. 平稳增长阶段（1986—1992）

这一时期是我国社会主义市场经济体制建立前的过渡阶段，经济建设是这一阶段的核心。鉴于地方行政区划改革的初步完成，地级市的数量增长呈现稳定态势，城市的治理职能与事务范畴基本厘定，因而市辖区的发展也进入到平稳增长阶段。这一时期，我国市辖区共增长 33 个，平均每年增长 5.5 个，增速趋缓。从全国行政区划统计数据来看，1988年是这一时期市辖区增加最多的一年，增加了 15 个市辖区，这主要是因为该年全国新增了 13 个地级市，相应增加了偏多的市辖区。从总体来看，这一时期是我国市辖区增长较为平稳的阶段。

3. 有序增长阶段（1993—2003）

1992 年，社会主义市场经济体制建立，我国经济社会开始进入快速发展阶段。在此背景下，城市人口不断增加，城市产业结构也发生重大变化，从沿海城市开始逐步到内陆城市，都在招商引资拓展城市发展的资源。受此影响，城市的面积也在不断拓展，这就涉及市辖区增设的问题。这一时期，我国市辖区共增加 179 个，平均每年增加 17.9 个，市辖区的发展又进入到了快速增长的阶段。因为经济社会发展的需要，这一时期地级市设置增多，因而市辖区也相应增加。1994 年和 2000 年是增长最为明显的两年，相较于前一年分别增长 28 个和 38 个。但是这一时期市辖区的增长更多呈现出有序的特征。一是 1993 年政府机构改革明确要求通过地市合并推进机构精简，促进了市辖区的规范增长。二是 1998 年机构改革后，中央于次年出台《关于地方政府机构改革的意见》，进一步要求推进地市合并和撤地设市，全面落实市管县体制，这又一次推动市辖区增长。由此可见，这两次市辖区的发展都是在科学合理的机构改革框架下展开的，其规范性更强，规避了之前市辖区增长时很多的无序性特征，有序性特征更加明显。同时，这一时期我国城市治理的各项制度日趋规范，市辖区的设置与调整也更加客观合理，所以结合相关数据，该阶段的市辖区增长可以被界定为是有序增长。

4. 规模稳定阶段（2004—2012）

这一阶段我国市辖区增长再次趋于平缓，规模基本稳定，全国共增加 15 个市辖区，平均每年增长 1.8 个。市辖区规模稳定的主要特征是市辖区规模没有太大的起伏调整，如 2006 到 2008 年，市辖区总数在 856 个，没有任何变化。一方面，经过前几个时期的行政改革，我国地级市的规模已经基本稳定，因此市辖区的发展多是在小范围内的优化与调整，并没有明显的增设。二是城市化的发展也到了一个平稳的阶段，城市人口及规模的拓展暂时达到了一个高点，没有进一步拓展。因此，这一时期我国市辖区的发展可以称之为规模稳定。

改革开放后市辖区的发展（1979—2012）

资料来源：中央人民政府官方网站（中华人民共和国行政区划统计表）、中华人民共和国民政部官方网站

（三）新时代市辖区体制的优化完善

党的十八大后，我国进入社会主义建设与发展的新时代。这一时期，我国行政体制改革进入全面深化阶段，城市治理现代化成为城市建设与发展的核心。因此，市辖区的发展也进入了一个以优化完善为主题的阶段。这一时期的前半程，我国市辖区总体呈现出增长样态，到了2016年后，市辖区发展进入到稳定样态。因此，可以将2016年作为当前市辖区发展的一个界限。

1. 深化改革下的增长阶段（2013—2016）

这一阶段，我国市辖区共增加了82个，平均每年增加27.3个，增长再次呈现出快速化的特征。通过相关数据分析，这一时期市辖区增长的方式主要是通过撤县（市）设区的形式发生，即原县或县级市被改设为市辖区。2014年，《国家新型城镇化综合试点方案》出台，提出通过以撤县（市）设区的方式拓展城市发展空间，优化城市中心区域。同时，各城市也希望通过撤县（市）设区来拓展发展资源，提升发展权限。因此，这一阶段市辖区出现了明显的增长。但是，在这一过程中，虽然很多城市的发展空间得到了拓展，但是一些地区撤县（市）设区过于"草率"，造成城市发展出现"摊大饼"的问题，且改设的市辖区并不能发挥预想的作用，甚至还衍生出其他问题，与城市治理现代化的理念与实践发生偏差。

2. 现代化治理下的规范调整阶段（2017— ）

在经历前一阶段的快速增长后，市辖区的发展暴露出一些问题，中央及时进行纠正，对撤县（市）设区等方式改设市辖区的行为进行严格审查，因此 2017 年市辖区增长速度放缓。2017 年至 2020 年，市辖区增加 11 个，平均每年 3.6 个，增幅明显放缓。2018 年，国家发展和改革委员会发布《关于实施 2018 年推进新型城镇化建设重点任务的通知》，其中提出要稳步推进撤县（市）设区，实际是对该方式进行了综合调控，防止城市发展出现偏差及相关问题。因此，截至目前，我国市辖区总体发展较为稳定，主要是在现代化治理下对其进行适时地规范调整，以求提升城市治理的有效性。

新时代以来市辖区的发展（2013—2020）

资料来源：中央人民政府官方网站（中华人民共和国行政区划统计表）、中华人民共和国民政部官方网站（数据统计截至 2020 年）

第二章　因何而生：市辖区的生成模式

目前，我国共有 967 个市辖区（截至 2022 年 7 月），市辖区是我国城市治理的重要行政单位。当前我国市辖区体制形成于改革开放后，但其市辖区的生成方式却各不相同，厘清市辖区的主要生成模式对于找准市辖区体制的现实问题，优化市辖区规模和机构具有重要的意义。当前我国市辖区体制形成于 1982 年现行《宪法》颁布之后，因此对市辖区的生成模式也主要聚焦于改革开放后，这对于我国市辖区的改革具有更加现实的指导意义。

第一节　基于城市治理需求的模式

市辖区是城市的基层行政区划，也是政府行政层级，其在城市治理中发挥"分治"性的作用，以求实现城市治理效能的提升。所以，目前我国市辖区中相当一部分市辖区正是基于这种治理需求而自然生成的。

一、基于传统治理需求的生成模式

市辖区设置的初衷就是为了减轻城市政府的治理压力，提升城市治理的整体效能。城市治理是一个综合性的概念，城市治理需求也呈现出多层次多维度的体系，其中传统治理需求是城市治理需求的基础。城市治理中的传统治理需求主要是指涉及城市基础运行和人民群众基本生活的需求，如公共交通、公共服务、基础设施、义务教育、社会保障、医疗卫生、治安维护、民生建设、环境保护等。传统治理需求是城市建设的重要内容，也是治理现代化的核心要素。但是，现代城市人口聚集，规模较大，而传统治理需求又普遍细化，因而城市政府没有足够的精力和资源来应对相应的事务，因此需要根据特定条件将城市分区治理，各管一块，管好管细，以求实现传统治理需求效能提升。所以，大部分市辖区的生成都是基于传统治理需求的。

基于传统治理需求生成的市辖区具有如下特征：一是通常位于城市的主城的中心区域。因城市传统治理需求而生成的市辖区通常都在城市的主城区，是城市的中心区域，其行政区划与城市高度重叠，是具有典型的"分治"特征的市辖区。这类市辖区共同的构成城市的"城区"，通常是经济发达商圈的所在地，并且是城市交通的枢纽，同时也是一个城市历史文化发展的缩影，在城市治理中具有重要的地位和作用。二是在城市治理中具有区划历史传承，发展轨迹贯通。基于传统治理需求生成的市辖区其区划或区域在所属城市治理进程中一般具有悠久的历史，通常所属城市的特点或历史上的名称会作为该市辖区的名称，如广西壮族自治区桂林市的七星区和秀峰区、江苏省镇江市的润州区和京口区等，也有以该区域重要标志性建筑或标识命名的，如南京市鼓楼区等。这类市辖区的所辖区划在所属城市产生和发展过程中一直发挥着重要的作用，因此其一般也具有清晰的生成轨迹。同时，这类市辖区一般也是所属城市原住人口集中的地区，因而对其认可度很高。三是具有完备的城市治理体系，一般为综合型的市辖区。因为这一类型的市辖区具有较长的发展历史，在城市治理方面的功能结构较为完整，其辖区内的治理体系相对完备，如范围内居住、教育、文化、服务等体系完整，治安、环境、民政等功能齐全，呈现出综合型市辖区的特征。基于城市治理传统需求产生的市辖区，目前直辖市和地级市主城区中心区域的市辖区几乎都是基于城市治理传统需求生成的，其数量占当前市辖区的一半左右。

上述阐述可以以南京市鼓楼区作为具体案例呈现。南京市鼓楼区为南京的核心"城区"，因原南京鼓楼在其境内，所以称之为"鼓楼区"，该区是南京市重要的市辖区。南京市鼓楼区在新中国成立前为南京市第六区和第七区，1949年4月南京解放后暂时保持原建制，同年6月南京市第七区人民政府成立。1950年，局部调整南京市城市辖区区划时将玄武湖及现中央路以东地区全部划出第七区。同年6月，第七区改为第六区。1955年8月，南京市第六区更名为下关区，因为清朝时期该地成为"下关"，因而得名。同年9月，下关区设置8个街道及1个水上办事处。1957年9月，经过区划调整，下关区下辖7个街道。1958年11月，原燕子矶区的两镇一乡划归下关区。由此可见，该区域一直为南京市的主要城区。1960年，在人民公社制度的推行下，出现"城区带郊区"，栖霞人民公社（栖霞区）的部分乡镇及农场划归鼓楼人民公社（鼓楼区）管辖。1961年，相关地区形成下关区和鼓楼区，原栖霞区划归地区交还栖霞区管辖。1967年3月，下关区更名为东方红区（东方红区革命委员会），鼓楼区更名为延安区（延安区革命委员会）。1973年底，东方红区革命委员会和延安区革命委员会分别更名为下关区革命委员会和鼓楼区革命委员会。1980年，下关区革命委员会、鼓楼区革命委员会先后撤销，相应成立下关区人民政府、鼓楼区人民政府。2013年3月根据国务院、江苏省政府批复同意的方案，撤销鼓楼、下关，以原两区所辖区域设立新的鼓楼区。

二、基于特定治理需求的生成模式

当前，我国的市辖区中有一部分市辖区是基于城市治理的特定需求而生成的。这类市辖区在具有基于传统治理需求生成市辖区的职能的同时，也具有其特定的职能及特征。基于特定治理需求而生成的市辖区具有如下特征：一是所属城市存在特定的治理需求。通常只有在城市具有特定治理需求时，才会设置特定类型的市辖区。如一个城市需要集中力量推动经济的发展，以求带动周围的地区经济整体进步，可以设置以经济发展为核心的市辖区。也有城市需要推动国家重大建设项目或重要工程，在相应区域设置市辖区用以专门推动相关项目或工程的推进。二是相关区域因特定的治理需求而享受特定的政策。为了促进各地发展，国家结合不同地区的实际进行顶层设计，制定相应的规划，做出发展的决策。为落实国家规划与决策，中央及上级政府会对一些城市赋予特定的政策支持，其中就包括建立特定的市辖区。这类市辖区可以将其治理的主要目标定位于特定的治理需求上，更好地运用国家政策，落实发展目标。三是通常具有特定的地域、资源、交通等方面的优势条件，能够满足所属城市或地区特定治理的需求。我国幅员辽阔，各地自然资源和地理条件多样化，不同地区和城市可以利用特定区域的条件优势推动城市化进程和经济社会发展，其中就可以通过设置特定的市辖区来实现。如以工矿、石化、钢铁、制造等为核心设置的市辖区，又如设置特定市辖区作为经济改革的试点、交通建设的新枢纽、高新技术的研发中心等。目前我国该类型的市辖区主要有上海浦东新区、重庆两江新区等。

以上海浦东新区为例，其发展历程呈现了我国特定治理需求下设置市辖区的轨迹。早在 1952 年，将当时上海市的杨思区、洋泾区的沿江地区划为东昌区。1956 年，上海市杨思区、洋泾区、高桥区合并成东郊区。1958 年，东郊区和东昌区合并为浦东县，下设 15 个乡和 3 个街道，这是"浦东"作为一个行政区划首次出现在上海市的行政版图之中。1961 年，浦东县撤销，其原管辖的农村地区划归川沙县管辖，黄浦江沿岸地区划归杨浦区管辖。到 1984 年，浦东地区除沿江地区由上海市的南市区、黄浦区、杨浦区管辖外，其他地区仍隶属川沙县、上海县（1992 年上海县与闵行区合并成立闵行区）。1990 年，在改革开放的春风下，中共中央和国务院决策开发浦东。1992 年 10 月 11 日，国务院批复设立上海市浦东新区，撤销川沙县，浦东新区的行政区域包括原川沙县、上海县的三林乡，黄浦区、南市区、杨浦区的浦东部分。1993 年 1 月，浦东新区正式成立（党工委和管委会）。3 月，杨浦区歇浦路街道、南市区浦东地区的周家渡、塘桥、南码头、上钢新村 4 个街道及杨思镇、原上海县的三林乡及黄浦区的浦东部分正式划归浦东新区。2009 年 5 月，国务院同意撤销上海市南汇区，将其行政区域并入上海市浦东新区。新区政府驻花木街道世纪大道 2001 号。2019 年 6 月 25 日，上海市政府加大放权力度，浦东新区被赋予市级经济管理权限。2021 年 6 月 10 日，十三届全国人大常委会第二十九次会议表决通过《关于授权上海市人大及其常委会制定浦东新区法规的决定》。2021 年 7 月 15 日，《中共中央 国务院关于支持浦东新区高水平改革开放打造社会主义现代化建设引领区的意见》发布，浦东将打造社会主义现代化建设引领区。从上海浦东新区的发展轨迹可以看出，我国在改革开放的发展大潮下，根据特定的治理需要，依据特定的条件，设置了以特定政策为核心的市辖区。这类市辖区的数量虽然不是很多，但却在我国经济社会发展中发挥了重要的作用。

第二节　切块建区的模式

切块建区是指将城市中特定的区域划出并建立为新的市辖区。通常，被"切块"的区域都是所属城市中经济较为发达、城市化水平较高或具有特定产业优势的区域，其设置市辖区后能够更好地推进所属的城市的治理与发展。切块建区的模式从新中国成立后就一直存在，到改革开放初期成为我国市辖区生成的主要模式。

一、切块建区的发展过程

切块建区主要发生于我国改革开放初期，其类型主要有：一是以国有企业在工业区设置的办事处或派出机构为中心，将其管辖的区域整体设置为市辖区，如上海市宝山区等；二是将某市或某县（县级市）中的部分乡镇、街道、公社等整合后合并设置为一个市辖区；三是在行政区划改革中，将县或县级市中相邻或关联的区域切出并整合设置为市辖区。

改革开放初期，我国实施现行《宪法》和《地方组织法》，加之撤地设市等行政区划改革的推进，切块社区的数量较多。随着撤地设市等行政区划改革的完成，我国城市区划逐步稳定，切块建区也逐步趋于平缓并停滞。根据历年全国行政区划统计和民政部官方数据统计，从 1978 年至 2021 年，我国通过切块建区生成的市辖区共 233 个，平均每年 5.4 个左右，但实际分布并不均衡。

切块建区统计（1978—2021）

数据来源：中央人民政府官方网站（全国行政区划统计表）、中华人民共和国民政部官方网站

根据上述统计数据，可以发现以切块建区模式生成的市辖区主要集

中于 1986 年之前，因此可以将 1987 年作为一个节点，将 1978 年至 1986 年总结为切块建区的旺盛增长阶段，而 1987 年至 2021 年为切块建区的平缓停滞阶段。

（一）　切块建区的旺盛增长阶段（1978—1986）

这一时期，我国切块建区形成的市辖区共 179 个，平均每年 22 个左右。从具体年度来看，1980 年和 1984 年为两个高峰，其中 1980 年通过切块建区设置市辖区 41 个，1984 年通过切块建区设置市辖区 42 个，成为切块建区最多的年份。在这一阶段，切块建区成为市辖区生成主要模式的原因主要是"撤地设市"后，新设地级市从便利管理和发展经济的角度出发，将辖区内经济较为发达或城市化程度较高的地区整体设置为其所属的市辖区，推动地级市的整体发展。所以，切块建区的旺盛增长阶段也是地区改革设立地级市较为集中的阶段。

（二）　切块建区的平缓停滞阶段（1987—2021）

1987 年以后切块建区进入到平缓阶段，等到了 2006 年后更是逐步停滞。从 1987 年至 2021 年，我国通过切块建区的方式设置的市辖区共 54 个，平均每年 1.6 个左右。这一阶段，1986 年到 1987 年，我国市辖区以切块建区最多的是 1997 年和 2014 年，为 4 个。2004 年至 2008 年、2010 年至 2010 年及至 2016 年后，切块建区设置市辖区的数量都为 0 个，可以视为该模式基本停滞。1986 年后，我国撤地设市改革基本结束，新设地级市数量骤减，这是切块设区平缓并停滞的主要原因。同时，随着经济社会的发展，撤县（市）设区的热度开始上升，在一定程度上取代了切块建区的模式。

值得注意的是，我国东部地区和 1987 年之前的东北地区的切块建区的数量要明显高于中西部地区，这与我国不同地区经济发展及撤地设市改革的幅度是呈正相关的。东部地区和 1987 年之前的东北地区，经济发展较快，城市化程度不断攀升，因此符合撤地设市标准的地区就多，设置的地级市也多，因此切块建区的数量就多。

二、切块建区的发生动因

切块建区主要是伴随"撤地设市"改革、地区资源整合和城市发展需要发生的，切块建区在不同阶段的发生频次也与上述三个因素具有直接的联系。

（一）"撤地设市"改革

切块建区发生的一个重要原因就是改革开放后开始推进"撤地设市"（包括地市合并）的行政体制改革。在改革开放前，县和市都由其所属的省级政府通过派出机关——地区行政公署管辖。改革开放后，原有的行政管理体制已经不符合经济社会发展的需要，甚至有些行政体制或管理方法已经阻碍了市场经济体制的建设。因此，中央开始推进行政体制改革，实行"撤地设市""地市合并""市管县"等一系列改革。在这个背景下，地级市作为一级行政建制开始在全国范围内逐步设立。在地级市（民间通常称之为"大市"）设立后，因为地级市管理的范围比原先地区行政公署管理下的县和原来的"市"（民间习惯称之为"小市"）要大，因此为了满足城市管理与公共服务供给的需求，将原地区行政公署管辖下的县或市中经济发达和城市化程度较高的地区整体"切块"出来设置为市辖区，用于分担城市管理中市级政府的职责。因此，可以说"撤地设市"改革是推动切块建区的主要动力。

（二）地区发展资源整合

随着改革开放的深入推进，我国市场经济体制逐步建立并日益完善，各地区间的发展资源流动性开始增加。为了实现更好的发展，需要从治理空间优化的层面实现对地区发展资源进行整合，将一个地区的发展资源集中到一起，实现更高水平的快速发展。特别是在地级市设立后，治理绩效评估的广泛引入，各市之间为了实现发展"赶超"，更是要集中力量整合发展资源。因此，在地级市层面就希望通过规划所辖区域内具有经济优势的地区，将其整合为一个完整的市辖区，承担所属地级市的特定发展任务，这本质上就是地区发展资源的整合过程。如上海宝山区就是基于宝钢建设办事处的基础上对相关资源进行整合而设立的。所以，地区发展的需求在一定程度上成为改革开放初期切块建区的助推力量。

（三）　城市管理与发展的需要

随着改革开放的推进，我国城市化进程不断加快，城市规模不断扩大，大城市的数量不断增加，特别是特大城市和超大城市的发展，给城市政府管理带来很大的压力。同时，城市化进程中，居民对于现代化治理的需求也在不断提升，如公共服务供给、基础设施优化、教育医疗资源均等化等，都是现代城市治理无法绕过的现实问题。为了有效应对城市管理发展中的需求，提高城市现代化治理的效能，可以对城市进行划片管理，即根据城市的功能区切块设置市辖区，实现治理空间与发展资源的分类协同，这也是我国早期城市化的思路之一。

三、切块建区的经验总结

从整体来看，切块建区是在改革开放初期我国城市化进程起步阶段实现城市治理效能的重要手段，其在特定的时期发挥了特定的作用，推动了我国城市治理水平的提升，促进了地区经济社会的发展。但是，切块建区在我国城市发展过程中也暴露出不少问题。切块建区是将地级市或直辖市中经济较为发达或资源较为集中的地区整体"切出"设置市辖区，或是将原工业集中地区整体设置为特殊的市辖区，这样设置的一个直接结果就是市辖区呈现出"小区制"的特征。在当时的发展中其弊端没有显露，但是随着城市化进程的加快，特别是城市规模不断拓展及城市群建设中，这种问题就被放大了，其具体表现就是市辖区的治理空间不足，造成资源拓展及发展规模受限。同时，随着网络信息化时代的到来，各类资源的交流日益频繁，这种以功能性"切块"方式设置的市辖区就成为阻碍生产要素和发展资源流动的"屏障"，因此就需要通过相应的区划调整和行政改革来进行调整。所以，更具有治理性的结构重组和"撤县（市）设区"便开始成为我国市辖区设置的主要模式，切块建区就逐步减少，直至基本停滞。

第三节　撤县（市）设区的模式

撤县（市）设区就是将特定的县或县级市改设为相应城市市辖区的过程。撤县（市）设区主要发生在城市化进程较快的城市或地区，其目的是拓展城市发展空间、整合城乡发展资源、统筹城市总体规划、减少行政协调成本，推动现代城市化发展进程。当前撤县（市）设区一直保持较高热度，并逐渐成为城市政区治理及市区关系优化的关键因素，但其中也充满地方政府的发展博弈与利益协同。

一、撤县（市）设区的发展过程

撤县（市）设区是直辖市或地市级通过特定的方式，将其所辖或具有关联性的县或县级市调整为其市辖区的过程。由于我国直辖市数量仅为 4 个，因此大部分撤县（市）设区都发生在地级市层面。1983 年市管县体制开始推行，较多的县、县级市和自治县都逐步划归相应地级市管辖，撤县（市）设区便开始出现于地方政府行政区划改革的视野之中。改革开放至 2021 年，撤县（市）设区共发生 371 例，平均每年 9 个。

从整体发展趋势来看，撤县（市）设区既不是临时性措施，也不是固定化制度，而是根据我国市制变化及各级政府政策而进行的政区调整形式，具有明显的政策导向特征。从更深层级来看，地方政府虽然是公共组织但是也具有自身的现实利益，在政府竞争中如何保证自身利益且实现利益协同是撤县（市）设区发展变化的重要动力，因此从一定角度来看，撤县（市）设区可以理解为是地方政府发展中竞争与协同的调适过程。

撤县（市）设区统计（1978—2021）

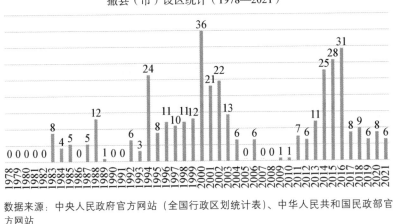

数据来源：中央人民政府官方网站（全国行政区划统计表）、中华人民共和国民政部官方网站

自 1983 年撤县（市）设区开始至今，可以将其发展变迁的过程大致分为五个阶段：起始摸索阶段（1983—1987 年）、波动发展阶段（1988—1997 年）、快速发展阶段（1998—2002 年）、发展停滞阶段（2003—2011 年）和规范发展阶段（2012 年— ）。从撤县（市）设区的总体趋势来看，其发展变迁并不是杂乱无章的随机性调整，而是不同时期经济社会发展中地方政府在既有政策的导向下，寻求竞争与利益协同的主动反应。

（一）起始摸索阶段（1983—1987）

撤县（市）设区的起始摸索阶段为 1983 至 1987 年，这一时期的相关改革具有"零散"化的特征，各地方政府都在以"试点"的方式开展撤县（市）设区工作，这可以视为城市化进程启动的一种主动性反应。1983 年，为了适应改革开放后城市化进程的开启，我国开始推行市管县体制，这为撤县（市）设区提供了基础"土壤"。当年，在山东省、内蒙古自治区首先进行了 6 例撤县（市）设区的实践，拉开了我国撤县（市）设区的改革大幕。该年度撤县（市）设区有一个较为明显的特点，就是潜在地调整市县同城问题，缩小同一地区在政区上的城乡差异，为城市化的进一步发展奠定基础。如山东省将济宁市（县级市）和济宁县改为济宁市中区和济宁市郊区，后于 1993 年合并为济宁市任城区。内蒙古自治区将赤峰市（县级市）和赤峰县改为赤峰市红山区和赤峰市松山区。1984 年至 1987 年，相关改革虽然不多，但是平均每年都在 5 个左右，保持了一定的稳定性，并且也推广了山东省和内蒙古自治区撤县（市）设区的改革理念和模式。但是，这一时期因为地区数量还较多，且地区与地级市在区划管理边界上也比较模糊，因此在该阶段，撤县（市）设区也出现了一些反复。如湖南省冷水江市改为邵阳市冷水江区，但是在当年就又将其收回娄底地区管辖。

（二）波动发展阶段（1988—1997）

1988 年至 1997 年，我国撤县（市）设区进入到波动发展阶段。1988 年和 1994 年是这一时期撤县（市）设区的高峰，分别达到 12 个和 24 个，而其他年份则处于低谷，甚至 1990 年和 1991 年都未出现撤县（市）设区案例，这一时期出现这样的波动主要是受"撤地改市"的影响。1998 年和 1994 年是"撤地改市"的"高峰年"，原地区建制逐步撤销，地级市建制的数量明显增加，市辖区数量也一定会相应增加。所以，作为市辖区主要产生形式的"撤县（市）设区"也必然增多。但是，这一阶段"撤地改市"和城市化发展中的城乡融合趋势并不稳定，受到国家政策和经济社会发展形势的影响较大，因此撤县（市）设区也存在一定的"波动性"。随着 1994 年国家叫停"撤县设市"，县级市设置及撤县（市）设区开始进入一个新阶段。

（三）快速发展阶段（1998—2002）

1998 年至 2002 年，撤县（市）设区进入快速发展阶段。1997 年，民政部出于对行政区整体优化的考虑，暂时"冻结"了撤县设市的审批工作，这意味着短期内县级市的增设被控制了，县进行城市化转型的唯一路径就是撤县设区。这一时期，我国社会主义市场经济快速发展，各地级市为了进一步集聚经济社会发展资源，拓展城市总体规模，提升地方综合效益，也希望通过撤县（市）设区实现城市"扩容"[1]。在此背景下，1998 年至 2002 年，我国撤县（市）设区迎来一个高潮阶段。该阶段，通过撤县（市）设区方式增加的市辖区超过 100 个，其中仅 2000 年就增加了 36 个，撤县（市）设区呈现出"井喷"状态。撤县（市）设区大幅增长的根本原因还是政策导向的结果，撤县设市的"冻结"对于很多地方政府着力拓展城市化资源是一个意外的限制，因此撤县（市）设区就成为其首选方式。但是，这种客观政策性刺激的增设方式在一定程度上也引发市辖区体制的种种问题。

（四）发展停滞阶段（2003—2011）

自 2003 年起，部分地方政府在本地区市县条件未达到标准或没有必要的前提下，主观推进撤县（市）设区，造成诸如城市辐射效应降低、资源聚集效应偏弱、行政成本增加、城市中的农业化比例依然较高等问题，引发了"假性城市化"现象的出现。因此，中央针对盲目撤县（市）设区的行为进行了严格的控制。所以，在 2003 年至 2011 年，撤县（市）设区的数量呈现出"断崖"式的下降，撤县（市）设区进入发展停滞期。虽然 2003 年有 13 个县和县级市被改设为区，但这主要是之前部分地方政府撤县（市）设区申请批复的时滞，是一种政策"惯性"的体现。而到 2004 年，全国就仅有 6 个县（县级市）被改设为区，数量大幅下降。2005 年、2007 年和 2008 年 3 年都未有撤县（市）设区的案例，2009 年和 2010 年则仅各为 1 例，一直到 2011 年才上升到 7 例。

1　叶林、杨宇泽：《中国城市行政区划调整的三重逻辑：一个研究述评》，《公共行政评论》2017 年第 4 期。

除 2003 年带有政策"惯性"影响的情况外，2004 年至 2011 年，全国撤县（市）设区共计 21 例，远低于之前一阶段的数量均值。

（五）规范发展阶段（2012—　）

2012 年，城市治理呈现出明显的现代化发展趋势，因而撤县（市）设区逐步进入规范发展阶段。该阶段，我国经济社会得到长足发展，城市化率提升迅速，人口流动呈现出中心城市集聚化趋势，城市建成区规模不断拓展。快速城市化的现实促使撤县（市）设区的再次启动，以求满足现代化城市治理的需求。在此情况下，中央决定对撤县（市）设区逐步放宽。因此，从 2012 年开始，各地方政府又开始积极推进撤县（市）设区。同时，还有一个客观因素刺激了撤县（市）设区的"复兴"。2009 年 6 月 22 日，财政部发布《关于推进省直接管理县财政改革的意见》，其中明确提出"改革的总体目标是，2012 年底前，力争全国除民族自治地区外全面推进省直接管理县财政改革"，主要内容是"在政府间收支划分、转移支付、资金往来、预决算、年终结算等方面，省财政与市、县财政直接联系，开展相关业务工作。"这表明到 2012 年底，全国各县、县级市的财政权限将与省级政府进行对接，因此各地级市政府为了确保城市发展资源最大程度地集聚，开始"踊跃"地申报各类撤县（市）设区方案，力求在今后激烈的城市发展博弈中占据利益的先机。在 2012 年后，平均每年撤县（市）设区的数量保持在 16 例左右，其中 2016 年共 31 例，为 2000 年以来的第二个撤县（市）设区的高峰节点。

二、撤县（市）设区的发生动因

从撤县（市）设区的发展历程来看，中央的政策调控具有导向作用。但改革开放 40 多年来，全国各地区发生的各类撤县（市）设区除中央政策调控外，必然还有更加复杂和深层的原因。通过对撤县（市）

设区已有趋势的分析，在城市化进程中地方政府都在寻求自身发展资源的最大化，即尽可能地在城市发展竞争中占据优势的发展资源，以实现快速发展。因而，城市发展竞争及各地方政府利益协同就是撤县（市）设区发生的根本动因，这直接影响到地级市和改设市辖区之间的关系形态，甚至辐射到省级政府和周边相邻政区之中，成为影响现代化城市治理的重要因素。

撤县（市）设区作为一种行政区划调整手段出现在我国城市政区治理的视野之中，且使用频率逐年提升，其根本原因是权力导向和经济导向交织的结果。[1] 治理权限与资源的导向作用实际上就是当前城市发展竞争的具化"投射"，城市及城市政区间为获得更好的发展资源和治理权限会在可控范围内展开合理性竞争。目前，城市发展的竞争较难突破已有的规范边界，因而相关竞争主体就会在竞争的限度内寻求"共赢"，撤县（市）设区在一定程度上就是这种竞争视阈下利益有限协同的体现。因此，可以基于竞争-协同互动视角来分析撤县（市）设区的发生动因。竞争-协同视阈下撤县（市）设区的发生动因可以分别从治理资源、财税权限和发展结构规划三个层面进行解释。

（一）治理资源层面的发生动因

治理资源就是城市治理过程中各类权限的集合，其主要涵盖经济社会管理、基础规划、人事管理、职能划分、部门自主性等方面。治理权限是一种复杂的多维度资源，其在现代城市政区治理过程中的分配与使用是撤县（市）设区的重要动因，而围绕其展开的竞争和协同则是撤县（市）设区发生的主要逻辑。

在发展主义的逻辑导向下，各级政府都在以属地优势作为城市治理的"焦点"，围绕自身的特色制定发展规划。这种情况不仅存在于横向

1　吴金群、廖超超等：《尺度重组与地域重构：中国城市行政区划调整 40 年》，上海交通大学出版社 2018 年，第 187 页。

层面的地区间城市竞争，在纵向层面的政区间也广泛存在。一方面，不同地区的地方政府在追求自身发展目标时形成治理定位上的差异，在不同城市的资源占有和使用情况下引发潜在的治理冲突。另一方面，各级政府（包括既有的市辖区）为了追求属地绩效的最大化，会在政区内采用差异性的治理方式，造成政府间的竞争关系超出既有限度，引发政府间关系紧张化，进一步扩大治理冲突的程度和范畴。从更加宏观的角度来看，当前城市化的发展已经进入大都市区及城市群建设阶段，区域化发展逐步成为城市发展的主要方向。但是作为区域发展个体的城市及其政区，却一直受到属地利益和绩效考核的双重影响，并未将治理视角拓展到大都市区或城市群协同发展的高度。在此情况下，区域发展的一体化趋势便与行政区划分割式治理产生矛盾。从当前市区关系来看，地级市总体还是占有主导地位的，特别是副省级市和省会城市。在大都市区和城市群发展的趋势下，其中心城市的资源优先权更加凸显。如目前有相当多的学者在研究城市发展或城市政区时，都会潜在地从中心城市发展的角度出发来评价撤县（市）设区的发生逻辑和整体绩效，这便使市辖区处于相对偏弱的位置（王频、陈科霖，2018）。

城市的发展需要进行政区规模和治理权限的拓展，而撤县（市）设区是在既有城市政区之外的新建成区或计划建成区设立新的"分治"政区，是政区治理政策主观驱动和客观城市化发展客观推进共同作用的结果，因而其利益协同的重要性愈加凸显。地级市为实现撤县（市）设区，拓展城市治理资源及权限，更好推进城市整体发展，会对所辖或相近县或县级市做出一定的承诺和"让步"，保留或赋予其一部分自身发展所需的资源和权限，并保证其原有发展轨迹不被中断。而县或县级市则也会结合自身发展利益做出一部分"妥协"，实现地区发展的统筹性。在市县利益协同的过程中，不同类型城市撤县（市）设区的进程和结果都存在差异。直辖市、副省级城市或省会城市，撤县（市）设区实施后原县或县级市相关部门的职级会立刻获得提升，且能够获得更多的发展资源，因而县和县级市往往会主动寻求利益协同，撤县（市）设区的推进较为顺利，这便是中心城市资源"虹吸"的一种体现。相对而言，普通的地级市的"虹吸"效应就会小很多。那这类城市在既有竞争和发展压力的基础上就需要通过更多的利益赋予方式来进行利益协同，推进撤县（市）设区，为城市发展集聚更多资源，如通过产业布局调整、财政补贴的增加、特殊权限的赋予等。但是如果单纯通过权限下放或资源赋予的方式推进撤县（市）设区，以求拓展城市发展空间和资源，往往改设之后市辖区的治理权限资源依然独立，甚至某些权限成为其独享。这样反而会造成市区之间治理融合性的缺失，造成未来发展中内部竞争的加剧。

（二）财税权限层面的发生动因

财税权限是各级政府实现治理目标的核心要素，其直接影响地方政府治理与发展的效能，因此各级政府围绕财税权限的博弈与竞争一直没有停止过。作为地方政府府际关系主流的市县区之间的财税权限的调整是城市政区变迁的重要动因，对其进行深入分析能够有效明晰撤县（市）设区的发生逻辑。

财政权方面，宪法第一百零七条规定"县级以上地方各级人民政府依照法律规定的权限，管理本行政区域内……和财政、民政、公安、民族事务、司法行政、计划生育等行政工作，……"，这意味着县和县级市具有较为独立的财政权。同时，在省直管县财政体制的作用下，县和县级市拥有更加独立的财政预算编制管理权限。而市辖区最初设计目标是在城市规模较大、人口较多的情况下，为了保证城市管理的精细化和公共服务供给的有效性，对城市进行"分治"的政区建制。因此，市辖区只能说具有市级政府的"部分财政权限"或"半级财政"，并没有完整的财政预算编制管理权限。从这个角度看，市辖区的财政权与市级政府实际是在同一"轨道内"的，具有较强的一体性，这是县或县级市与市辖区财政权方面的主要区别。税收权方面，在分税制改革之后，国家设立了国税和地税两套税务系统。县或县级市的税收在省直管县体制下，可以根据分税制的基本要求实现独立管理，而市辖区的税收则需要先通过国税和地税系统上缴给地级市，地级市政府根据当年度人大批准的财政预算再分配给各市辖区。受此影响，县或县级市与市辖区的支出责任也存在一定的差异。因此，两方财政权与税收权的差异为市县之间的发展竞争及撤县（市）设区的发生打下了伏笔。

在财税权限分配的现实作用下，市县区之间的竞争状态逐步呈现。受分税制影响，中央与地方财政的分配权重发生扭转，中央财政占国家财政收入的比重逐年上升，地方财政收入相对减少。从地级市的角度出发，其为保证相应财权的增加，以求满足其事权履行的需要，极力希望通过撤县（市）设区来增加其财税权限。而从县和县级市的角度来看，其虽然财政相对独立，但财源逐步减少，同时支出责任却明显增加。如县级市在基础设施建设、社会保障等方面的支出增加明显。同时，对于县级政府治理效能的评价考核指标也在逐年加码。基于上述种种原因，县和县级市都希望增加财政资源的分配比重。但是中央及省级政府的财政资源总量是固定的，且在不同时期经济社会发展重点也有侧重。同时，因为地级市和县、县级市的财政都对接于省级政府，在全省综合考量的基础上，必然会出现"厚此薄彼"的分配现象。当前，大部分县和县级市均由相应地级市代管，在财税资源分配过程中部分地级市通过各种方式对代管县和县级市的财政进行控制，甚至出现所谓"市刮县"的现象，造成行政成本增加、城乡差距拉大，市县之间的竞争博弈进一步加强。

市辖区的财税权限是由市级政府进行统筹掌握的，不仅财税权限仅部分享有，在土地收储和出让权及政府性基金收入方面也不及县或县级市。因此，地级市想通过撤县（市）设区的方式拓展财政权限，吸纳资金资源，就需要给予撤县（市）设区的市辖区相关的"补偿"条件，如在涉及相关县区基础设施建设方面减少其资金负担比例，或额外通过其他方式对其进行专项的资金补助，甚至是在特定的项目上给予重点照顾。而县和县级市为了能够在中心城市资源"虹吸"的大趋势下，通过利益协同获得中心城市更大的利益"辐射"，也愿意接受有条件的撤县（市）设区。如2001年，浙江省萧山县转设为杭州市萧山区，杭州市政府同意其政府性基金和预算外收入都按照原县制时期的分成政策进行结算，并且省政府的专项补助和经济发展的增量性收入全部留给萧山区。除此以外，地级市政府还是依托财政权限，将土地资源管理、城市规划管理、经济社会管理等方面的权限也交由撤县（市）设区后的市辖区所有，这样在实现县或县级市充分享受到中心城市资源扩散效应的同时，也保证其财政利益能够得到满足，进而实现撤县（市）设区扩大城市权限和规模的诉求，实现双向的利益协同。

（三）发展结构层面的发生动因

发展结构是指一个地区在自身资源优势基础上的产业布局和发展侧重。中国地域广阔，不同地区有着不同的自然资源和人文资源，因此不同地区的市县也必然具有相异的发展结构。即便是同一地区，市县之间的发展结构也会存在不同，如地级市与其代管县、县级市存在产业结构差异等。从县、县级市和市辖区的角度来看，县的发展结构主要偏向于第一产业，农业指标是其治理效能的重要评估指标。因此，县具有比县级市和市辖区更为突出的农业农村性政府职责及相应规划内容。当县在工业和商业方面的产业指标达到一定要求时，可以设立为县级市。一般情况下，县级市的发展结构倾向于第二产业及第三产业，经济社会发展水平显著提升，城乡差异开始缩小。基于此，县级市的政府职责开始逐步从乡镇向城镇转变。同时，第三产业的比重也在增加，并逐步形成和第二产业同等标准的评价指标。市辖区作为城市治理的重要政区，其城市化程度必然最高，政府职责重点聚焦于现代城市的规划及管理，治理效能考核标准主要体现在第二产业的现代化发展和第三产业的供给质量。而地级市作为下辖市辖区与代管县、县级市的上级行政建制，其发展主要是立足于城市化发展与现代城市规划管理，统筹下辖或代管政区的发展结构。为了实现发展目标及整合发展资源，其必然会想通过撤县

（市）设区拓展城市规模。但是不同地区地级市及其下辖或代管政区的发展程度是存在差异的，如一些县属于农业大县，具有重要的产业地位，而一些县级市的经济发达程度甚至已经超过代管的地级市。还有一些县或县级市虽然在产业地位或发展程度上并未与地级市的发展目标产生矛盾，但是其具有特定的发展结构或产业任务。在这样的情况下，县或县级市必然从自身利益出发，以自身的发展目标为导向，因而无可避免地会与相应地级市产生发展性竞争。

　　但县和县级市毕竟是县级建制政区，其发展结构和产业布局会产生局限，因此便会向上一层级政府寻求可持续性的资源供给。虽然县和县级市的财政与省级政府对接，但是由于省级政府行政管理幅度较大，使省县关系徘徊于虚实之间。因此，县和县级市在寻求发展资源及发展空间时，自然而然地找到相应的地级市。同时，地级市正需要借助对县和县级市的政区"改造"获得更大的发展空间，实现其城市化的发展目标。基于此，两方之间便在发展结构层面形成利益协同的基础，撤县（市）设区便自然成为最优的协同选择。在具体操作中，地级市会尊重原县或县级市的发展现状，在统筹发展结构的规划中保留其核心产业，并协调资源对其进行补充。同时，淘汰落后或不符合发展需求的产业，实现发展结构的重构和产业布局的再地域化。县或县级市可以通过撤县（市）设区，在保有原发展结构及核心产业基础上更好地融入到区域性的协同发展之中，在保障既有利益的同时实现可持续发展。在发展结构层面，撤县（市）设区的发生逻辑如同治理资源和财税权限一样，依然是基于双方利益协同基础的。虽然有案例反映撤县（市）设区后市区间的竞争性矛盾反而加剧，进而出现政区设置的反复，但是这并非发展结构层面撤县（市）设区的主流关系形态。从撤县（市）设区的发展变迁历程可以看出，更多的市县在撤县（市）设区后发生竞争博弈时，依然能够遵循利益协同的原则进行合理调适。

三、撤县（市）设区的总结

从政府间关系来看，撤县（市）设区其本质是重塑市区关系，一方面被撤县（市）面临着从传统农业型政区向现代城市型政区转型，城乡融合成为重要课题。另一方面，原县（市）的基层政区将面临基层治理体系在权力架构和治理空间上的重组或重构。在现实的政府过程中，撤县（市）设区并非作为一个独立的政区调整形式，在其推进过程中必然会与其他形式产生交叉，如区县合并、结构重组等。因此，撤县（市）设区实际上是一个综合性的问题，需要反思其存在的问题，并对其进行合理的规划与展望。

首先，撤县（市）设区应该从不同地区城市化发展的实际情况出发，平衡"虹吸"效应与"扩散"效应。科学合理的撤县（市）设区是助力中心城市跨越行政区划边界整合其周边发展资源的方式，可以弱化区域发展一体化中的行政壁垒，使中心城市在吸纳统筹周边资源的同时有效扩散其影响力，实现地域空间的利益协同，消弭非正常的同类别发展性竞争。撤县（市）设区本质上可以看作是城市化发展中，城市行政管理体制的协调与平衡。因此，撤县（市）设区应该从城市化的现实角度设计和推行，既不能超前或脱离城市化发展的现实程度，也不能完全忽视城市化和区域一体化发展的现实诉求。所以，撤县（市）设区需要在城市化的基础上，平衡中心城市与周边地区间的"虹吸"效应和"扩散"效应。在中心城市"虹吸"周边资源推进城市现代化发展的同时，也要分步骤地将其发展资源"扩散"到周边地区之中，充分发挥撤县（市）设区的基础性作用。

其次，在撤县（市）设区的进程中进行有效规划，防止出现中心城市"摊大饼"或"摊鸡蛋"现象的发生，建立综合化的城市发展规划。所谓"摊大饼"现象就是以撤县（市）设区为方式的城市简单化扩张，并没有科学合理的总体规划，城市面积和人口规模一味地提升，但城市发展却如同大饼一样呈现出分散化的形态。而"摊鸡蛋"则是中心城市通过撤县（市）设区集聚资源，但是对周边地区的辐射效应不到位，或发展规划滞后，造成城市发展类似于鸡蛋一样，中间是"蛋黄"，周边是"蛋白"，出现较大的发展差异。无论是"摊大饼"还是"摊鸡蛋"，都是撤县（市）设区后城市发展的非正常现象，易引发交通拥堵、住房紧张、通勤时间增加等"大城市病"。基于此，可以通过多维度的发展规划来实现合理性优化。如建立多个副中心的城市发展模式或"同心圆"形式的层次性城市发展模式，推进城市发展结构重组及实现城市发展"切块"管理模式等。撤县（市）设区会带来一些新的城市发展问题，但这并不代表撤县（市）设区是不对的，通过合理的城市规划能够有效规避撤县（市）设区带来的负效应。

最后，规避撤县（市）设区出现"工具化"导向，保障其基础功能的充分发挥。撤县（市）设区在一定程度上是现代城市发展的一种利益协同的自发行为，虽然有政策的主观作用，但主要还是具有较强的客观属性。撤县（市）设区可以促进城市化发展的有效推进，实现现代城市发展的秩序性，同时还能对资源进行集中，促进城市发展资源的利用效能。但是，很多地区为了达到城市化的考核指标或地区局部利益，将撤县（市）设区作为一种特定"工具"使用，并没有完全理解撤县（市）设区的基本理念和功能，造成撤县（市）设区出现明显的"工具导向"或"工具属性"。在市辖区体制优化过程中，要明确撤县（市）设区并不是一个政策性的城市化工具，其具有内在的发生逻辑，是城市化进程中具有自发性质和主观规制的政府调适现象。城市管理者和政策决策者要充分认识撤县（市）设区的内在逻辑和基础功能，尽量规避"工具导向"的生成，使撤县（市）设区能够在城市治理中发挥更加明确的功能性作用。

第四节　结构重组的模式

结构重组就是对市辖区及所属城市相关建制的行政区划进行结构性调整，使其成为新的市辖区，以求适应城市治理现代化的需要。结构重组不是单指一种类型的市辖区设置模式，而是概指围绕市辖区结构进行调整的一系列模式的统称。改革开放以来，市辖区的结构重组大致可以分为四个类型：一是区划合并，即市辖区与所属城市下辖的其他县和县级市进行整体合并，或对几个市辖区进行一定程度的拆分整合，通过结构重组设置为新的市辖区。二是将市辖区和所属城市的其他市辖区及县、县级市的部分行政区划切出，通过区划结构重组整合为新的市辖区。三是将原属于县或县级市的部分乡镇划归相关市辖区管辖，并通过行政区划的结构调整，形成新的市辖区。这四个类型的结构重组是当前很多市辖区的生成模式。通常，市辖区的结构重组并不涉及跨市的区划调整，但并非没有特例，如将原属于地级市的两个市辖区进行合并，作为直辖市的市辖区。1997 年，重庆在成为直辖市时，撤销涪陵市并将其所辖的李渡区和枳城区合并设置为重庆市涪陵区。不过，这种跨市域的市辖区结构重组依然是特定时期的特殊情况，并不是市辖区结构重组的常态化行为，可将其视为市辖区结构重组生成模式的一种特殊形式。

一、结构重组的发展过程

据统计，改革开放以来，我国通过结构重组生成的市辖区共 519 个，平均每年约 12 个，且东部地区结构重组的发生频次要高于中西部。

通过统计可以发现，改革开放后至 1992 年，市辖区的结构重组总体较为平稳。1992 年到 2000 年，呈现出小幅波动的趋势。而 2001 年至 2007 年、2009 年至 2016 年是我国通过结构重组生成市辖区的两个高峰阶段。其中，2004 年和 2011 年最多，都为 27 个。1993 年最少，为 1

结构重组统计（1978—2021）

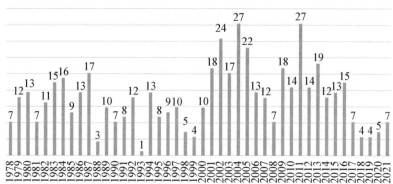

资料来源：中华人民共和国民政部官方网站

个。2017 年后，结构重组明显减少。据此，可以将结构重组分为以下几个阶段：

（一）平稳发展阶段（1978—1992）

在这一阶段，通过结构重组的方式建立的市辖区共 160 个，平均每年 14 个左右。但从实际数据来看，该阶段每年结构重组的市辖区数量存在波动，但是幅度不大，总体发展平稳。这一时期是我国改革开放到建立社会主义市场经济体制的过渡阶段，原计划经济体制逐步发生变革，"商品经济"开始发展，作为经济发展核心的城市自然也发生变化。在经济体制变革的过程中，城市的治理方式也在进行调整，特别是城市管理范畴的拓展需要调整市辖区建制。同时，在"撤地设市"和"市管县"的推动下，地级市建制大幅增加，也需要对原有县、县级市和市辖区进行整体性调整。因此，通过结构重组的多种方式调整或设置了市辖区。但是，因为这一时期具有较强的发展过渡性，现代城市的治理理念及实践模式都还在探索之中，对于城市及周边郊县的区划的结构调整也保持较为审慎的态度，因而这一时期通过结构重组生成的市辖区的总体趋势较为平稳。

（二）小幅波动阶段（1993—2000）

这一阶段以结构重组为模式生成的市辖区共有 60 个，平均每年 8.5 个，相较于前一阶段减少了约 40％。1992 年，我国确立了社会主义市场经济体制，经济体制实现了从计划经济向市场经济的转型。全国各地方都围绕社会主义市场经济体制调整城市发展规划、功能布局、治理措施等，市辖区作为城市治理的重要"抓手"，其调整与改革就成为一个重点。在这一阶段，原有的切块建区这种整体性的调整已经不再适合市场经济体制下的城市治理现代化的需求，市辖区调整开始从较为宏观的粗放型模式向微观的调节型模式转变。但是因为这一时期市场经济体制在不断完善之中，我国城市化程度也不是很高，特别是东部地区和中西部地区存在较大的发展势差，因此结构重组这种多元性的调整方式在全国范围呈现出不均衡现象，因此具有小幅波动的特征。

（三）快速增长阶段（2001—2007）

这一阶段，全国通过结构重组共生成了 133 个市辖区，平均每年 22 个左右，出现了结构重组的"井喷"。除了东部地区，中西部地区通过结构重组设置新的市辖区的数量也明显增加。这一时期，社会主义市场经济体制逐步完善，经济发展进入"快车道"，城市不仅在数量上增加，在规模上也不断拓展，全国城市化水平提升明显。在此过程中，城市建成区面积不断增加，逐步开始延伸到郊区和县。同时，随着城市的扩张，医疗、教育、就业等资源都在向城市，特别是中心城市与大城市集中，进而人口也相应大幅流入城市，城市中的生活基础设施和公共服务供给体系也不断完善，这也促进了城市规模的拓展。基于此，城市必须通过区县合并、区界重组、县域调整等方式设置新的市辖区，以求满足城市规模拓展的需要。因此，在这一时期，城市中行政区划的结构重组非常频繁，使市辖区的数量不断增加。

（四）适度增长阶段（2008—2016）

这一时期，在结构重组模式下产生了 139 个市辖区，平均每年 17 个左右，其中 2008 年最少，为 7 个。从 2008 年开始，结构重组开始进入到适度增长阶段，其增幅明显低于上一个阶段，但总量依然保持较为明显的增加。随着经济社会发展，城市治理形态逐步稳定，这种较为复杂的调整逐步减少，城市的政区更加稳定，所以结构重组也相应缩减。同时，随着城市化进程在质量上的提升，这种复杂且费力的调整方式逐步被"撤县（市）设区"取代，城市管辖的县或县级市在达到一定标准后，整体转变为市辖区。这样不仅省去微观调整的复杂过程，也保留了原行政建制的完整性。

（五）增长减退阶段（2017—　　）

从 2017 年至 2021 年，我国通过结构重组生成 27 个市辖区，平均每年 6—7 个。从数据可以看出，结构重组的生成模式已经逐步减退，不再是当前市辖区生成的主要模式。进入新时代后，我国城市化进程已经完全从"量"转向"质"，开始追求城市的精细化管理和城市治理的现代化，因此较为复杂且成本较高的结构重组模式就显然不适合发展的现实需要。同时，随着很多城市建成区的拓展，原来可以进行结构重组的区划空间也不再充足。因此，结构重组的模式进入到减退阶段。

二、结构重组的发生动因

结构重组主要是通过对城市政区组织结构的调整来设置新的市辖区，并非通过大刀阔斧的区划改革来进行的。结构重组的发生主要是围绕城市治理过程中的城市规模、发展资源、治理功能等一系列要素进行的，旨在通过对结构要素的调整来设置市辖区。因此，结构重组的发生动因主要是围绕城市规模优化、发展资源统筹和治理功能提升来进行的。

（一）优化城市治理空间

在经济社会发展的大趋势下，城市的治理空间从结构层面发生了很大变化，各种原来没有的问题陆续出现。在城市化进程中，市辖区的数量不断增多，甚至很多城市下辖的县或县级市都改设成了市辖区，因此城市的治理空间急剧增加。市辖区增加代表着城市规模的扩大，治理空间从组织结构到具体过程都发生巨大变化，城市治理空间集聚增大，内部治理结构发生变化，城区间的基础设施和公共产品供给的差距拉大，开始出现空间利用不集约、空间整体品质下降、政府公共服务供给能力下降等情况。[1] 这就需要对市辖区的行政区划和组织结构进行调整，实现优化治理空间的目的。如通过区界重组调整市辖区的区划范畴，将较大的市辖区调小，将偏小的市辖区拓展。或通过市辖区的拆分整合厘清各区之间的治理范畴，减少管理重叠和重复治理的现象。

（二）统筹城市发展资源

当前很多城市的市辖区并不是在同一时期形成的，且形成的过程和方式也各不相同，这就使各市辖区之间存在发展上的不平衡。市辖区发展的不平衡主要是发展资源上的不平衡。调整市辖区发展资源不平衡的有效方法之一就是调整市辖区的地理边界和治理空间，如通过调整相邻市辖区的治理空间重新划分两者的发展资源，使其更加平衡，进而保证城市的整体发展。具体而言：一是通过市辖区的结构重组，使市辖区之间的发展资源能够在一种非行政强制的状态下进行城市层面的合理"交流"和"流动"，减少各地区间"狭隘"的资源保护理念，保证各市辖区都由重组的资源来进行城市的区域治理。如城区型的市辖区经济发展资源较多，但人口密集而土地资源偏少。郊区型市辖区土地资源偏多，

1　吴金群、廖超超等：《尺度重组与地域重构——中国城市行政区划调整 40 年》，上海交通大学出版社 2018 年，第 209 页。

但相应的经济发展配套条件较弱。通过结构重组调整和新设市辖区，可以有效促进类似的发展资源交流。二是因为各市辖区具有不同的生成背景和具体模式，因而其在发展速度和治理理念上存在差异。同时，因为市辖区存在传统城区与新设郊区的差异及传统市辖区与开发区等形态上的差别，因此出现治理权限交叠、治理范畴重叠、管理碎片化等问题。通过市辖区微观层面的结构重组，可以在不"伤筋动骨"的情况下，有效调节区际的资源配给，实现城市的整体性发展。三是通过结构重组设置新的市辖区可以有效"摆脱"原有的不利因素，建构符合现代治理的政府职责体系及机构部门，实现基层治理现代化。基于此，很多城市就希望通过结构重组这种微观的方式来优化市辖区体制，在尽可能减少发展成本的前提下，实现城市治理效能的最大化。

（三）提升城市治理功能

通过结构重组调整或新设市辖区可以从城市内部结构层面对改革开放初期形成的"小区化"和"多层化"的问题进行有效改善，同时弥合市场经济体制后城市治理出现的功能"分割"状态。如有些市辖区是原矿区或工业区升级整合而成，还有一些城市的市辖区设置具有计划经济体制功能切块划分的特征。但是，如果进行较大规模的市辖区区划调整，必然会使城市治理的秩序发生紊乱，进而影响到城市的有效治理功能。所以，通过微观调整的结构重组进行相应调整，是提升城市治理功能的最佳手段。一方面可以进行符合社会主义市场经济体制的调整，促进生产要素和发展资源的合理流动与均等分配，另一方面也可以逐步打破原有的区界壁垒，优化城市功能区，提升城市治理现代化的水平。

三、结构重组的经验总结

结构重组是为了适应城市治理现代化的需要，从微观层面对市辖区进行改革调整的一种模式。如同撤县（市）设区一样，结构重组是一种通过调整或设置市辖区，使治理权限集中或上移到城市政府的一种方式，即城市政府获得原属于县或县级市（也包括一些设置之初通过谈判确立的市辖区特殊的权限）在财政、规划、土地等方面的权限。根据前文分析，撤县（市）设区通常是城市拓展治理权限和治理空间的首选方式。但是在我国还有很多城市发展基础较为薄弱，整体经济发展水平还不是很高，没有足够的能力和实力来推行撤县（设区）或整体性的区县合并，因此就会采取通过结构重组的方式进行调整市辖区，进而实现城市治理范畴的拓展。经过总结，选取这样的方式一方面可以尽可能降低市辖区设置与调整的行政成本，也能够减少改革中发生风险及较大阻力的概率。另一方面，结构重组也能够最大程度地保持城市的治理结构，使其不至于发生剧烈的变动进而影响正常的治理过程。可以说，结构重组是市辖区生成及调整的诸多方式中最为微观的，也是最为稳定的。

　　但是，结构重组也存在一些问题，其中最为明显的就是该方式对于市辖区的设置和调整过于平和，很多时候并不能彻底解决城市发展的具体问题。所以，结构重组衍生出多种具体的形式，也可以相互叠加运用到市辖区体制改革的过程之中。同时，结构重组的发生也多是针对城市治理中较为急迫或具体的问题作出的反应。

第三章　把脉问症：市辖区体制的现实困点与改革导向

任何体制就像一部机器，但是再精巧的机器也会存在设计上的不周全及运行过程中的故障。市辖区体制就如同城市治理这部"机器"中的重要部分，其在运行过程中也或多或少地存在"故障"，这种"故障"我们可以将其称之为"困点"。所谓"困点"并不是指该体制固有的弊病，而是一个体制在运行过程中出现的不在原涉及范围之内的问题或衍生出的相关问题。体制中困点的出现就如同一个再健康的人也会生病、再优秀的系统也会故障。在发生体制困点时，需要进行及时有效的纠偏和调整，以保证体制运行的顺畅。市辖区体制在运行过程中也衍生出诸多困点，因此需要对其进行"把脉问症"，即阐述分析存在的困点。通过对各类困点的梳理分析，将其归纳为属性困点、结构困点和运行困点。困点的出现是正常的现象，之所以要进行市辖区体制改革就是为了消除体制中的各类"瑕疵"。因此，需要正视市辖区体制的现实困点并对其进行深入的阐析，是推进市辖区体制改革，实现城市治理现代化的先决条件。

第一节　市辖区体制的属性困点

市辖区体制的属性困点是指现有市辖区制度中尚存争议的基础性问题，如市辖区的角色定位、设置的必要性与规范性、城市政府与市辖区的关系等。市辖区体制的属性困点是在市辖区发展中出现的，并不影响现有市辖区制度的运行。但是，属性困点却会影响市辖区体制及城市治理的整体效率，如果不对其进行系统的分析，从长远来看不利于市辖区体制的科学发展。

一、市辖区行政定位问题

市辖区是我国城市治理的重要行政建制和行政层级，也是《宪法》规定的县级政权。但是，现实中市辖区的角色定位却一直处于比较模糊的状态，造成对市辖区角色定位认识产生差异。市辖区的角色定位问题的差异主要存在以下三方面：

（一）市辖区角色定位的差异

就目前学术界和实务界对于市辖区行政定位的认识，大概可以总结出三种观点：一是认为市辖区是一级实实在在的行政建制，应该将其与其他县级行政单位同等视之。这种观点的主要来源是我国《宪法》和《地方组织法》，这种观点将市辖区定位为我国县级行政建制之一，是城市基层行政单位，其与县、县级市等具有同等的地位。二是认为市辖区职能在政府过程中实际呈现的是一种准行政建制的角色，虽然其在法律层面具有一级行政建制的地位，但是因为在具体行政权限上与县或县级市还具有较大差异，所以在实际中不能将其作为与县或县级市完全同等的行政单位来审视，特别是在一些行政管理实务中，市辖区还是有较大差异的。这种观点对于市辖区的角色定位提出了不同的看法，认为市辖区是城市治理中参照县级政府建制设置的特殊的行政建制，但并没有完全跳出县级行政建制的视阈。三是将市辖区定位为城市治理中的行政分治区，即为了适应现代城市建设与管理而设置的具有行政建制性质的服务型区划。从这个角度来看，市辖区的角色定位就是为服务于城市治理需要而进行设置的具有"派出"性质的行政建制，其可以根据所属城市建设与发展的现实需求而进行调整,如设置工业型市辖区、文旅型市辖区、资源型市辖区等。

上述三种关于市辖区行政定位的认识是目前主流的观点,还有其他观点夹杂其中。这三种认识从理论上说都具有合理性,并且也都符合市辖区的现实情况。这主要是因为市辖区体制在具体运行中呈现出较为多维的行政角色"图景",使人们对其行政角色定位的认识出现差异。综合以上三种基本观点,可以得出关于市辖区行政角色定位的基本准则,即要根据市级行政建制的具体情况来决定。如行政区划与所属城市区划高度重合的"城区型"市辖区,那就应该将其定位为实现城市治理效能提升的"分治型"政区。若是原有县或县级市改成的市辖区,其行政区划与市并不重合,则可以将其定位于具有较为独立的、具有一级政权性质的"行政单位"。但是,要实现市辖区体制向着城市治理现代化的方向发展,则必须要从"法理"上对市辖区的行政角色定位进行细化。否则会造成市辖区体制实际运行与理论建构的"脱节",进而造成制度运行发生偏差。当前,《宪法》和《地方组织法》中的相关规定过粗,且具有宏观概述的特征。因此,对于市辖区的行政角色定位需要基于法律法规进一步细化。但是如何在《宪法》和《地方组织法》等法律法规的基础上细化界定市辖区的行政角色,同时又能契合我国不同城市治理的现实情况,这是需要进行深入思考的方面。

(二) 市辖区级别定位的差异

我国政府为"五级"体系,即中央、省级、市级、县级和乡镇基层。虽然在《宪法》和《地方组织法》中将市辖区作为与县、县级市同级的行政单位,但是在现实的行政层级定位中市辖区却呈现出较大差异。《宪法》第三十条规定"直辖市和较大的市分为区、县"。因此,直辖市和绝大部分的地级市都设置了市辖区。但是,因为直辖市及各地级市之间存在行政级别上的差异,造成市辖区层级定位相应出现差异。就目前现实情况来看,我国市辖区的行政层级大致可以分为:一是副省级市辖区，如上海浦东新区、天津滨海新区等。这类市辖区通常都由直辖市设置，并且在区域经济发展上具有重要的地位，或在区域发展中具有特殊的功能。因此，这类市辖区被称为"副省级区"，也是我国现有市辖区中行政级别最高的市辖区。二是正厅级的市辖区，直辖市下设的市辖区通常都是正厅级，这其中包括通过撤县设区等方式增加的非"城区型"市辖区。三是正处级的市辖区，我国地级市设置的市辖区通常都是正处级。这类市辖区是我国市辖区的主体，是与县、县级市平级的行政单位。

根据相关法律法规和城市治理的现实，市辖区最为主要的功能就是承担城市治理的各项任务，通过"分治"实现城市公共产品供给、基础设施建设、公共服务均等化等方面的优化和提升。但是现实中我国的市辖区横跨了三个行政级别，形成了行政的级别"势差"，造成市辖区体系性的不平衡，这无疑是市辖区在级别定位上的一个现实困点。同时，虽然从明面看市辖区的行政级别横跨三级，但是潜在的级别差异要多于三级。如一些城市的重要市辖区的重要负责人兼任该市的市委常委，或者由副书记或副市长兼任，使该市辖区与其他市辖区相比虽然级别相同，但实际上的发展资源和行政地位却存在较大差距，这可以称之为市辖区之间的一种"隐性"的行政级别差异。还有一些市辖区，因为发展历史和设置过程的特殊性，形成远超其他市辖区的区划面积，或具有重要的产业布局或发展功能。这类市辖区虽然行政级别也相同，但是却因为其特定的条件优势使得其行政级别或行政重要性的"权重"增加，进而实际影响力或作用性高于其他市辖区。

因为政府纵向体系而产生的市辖区"显性"的级别差异和因其他原因造成的"隐性"的级别差异都对市辖区的发展及体制优化产生影响，其中最为显著的就是资源流动的非均衡性，包括人才资源、财政资源、教育资源等。但是，从现实的行政管理体制来看，消除这种级别差异是不现实的，所以需要依托现有行政体制，通过市辖区体制改革找到优化该困点的现实路径。

（三）　市辖区管理政策定位的差异

市辖区虽然大部分与县、县级市同级，但是在政策享受上却存在不同，这主要是因为市辖区的政策定位差异导致的。市辖区政策定位的差异主要体现在三个方面：

一是发展管理政策的差异。因为市辖区是城市设置的特殊行政单位，很多时候市辖区的管理被认为是所属城市的事务。因此，在市辖区管理及发展的政策上与县、县级市出现较大差异。就目前来看，全国范围内关于市辖区管理和发展的规范性文件几乎没有，具体的管理政策多是由不同城市出台发布的。如国家有提出"壮大县域经济"和"推进基层治理现代化"的相关文件，但是在其中并没有明确指出市辖区如何发展。这在一定程度上造成市辖区的管理与发展并没有一个统一的"轨道"，基本上由各市根据实际情况进行经验性管理，随意性较大，且不可避免地引起管理不规范现象，这是市辖区体制整体化发展的一个显著困点。

二是编制管理政策的差异。市辖区作为城市分治的行政单位，其在编制管理上与所属城市具有较为明显的"一体化"特征，因而在管理上相较于县或县级市是明显偏紧的。通常，归属同一城市的管理的市辖区在编制总额、编制分配比例及编外人员额度控制上都偏紧于同级的县或县级市。但是随着城市化发展，很多城市，特别是特大城市中的市辖区的体量已经很大了，其治理事务和治理规模甚至超过了部分地级市。但是在编制核定上依然是以传统的市-区统筹的一体化方式进行，市辖区在编制配额上的自主权不大。如苏州下辖的某市辖区内拥有许多企业，单外来务工人员就超过 30 万，但是市场监督执法的编制依然按照常规的市辖区配额从所属地级市中统一配置，这就造成了"小马拉大车"的现象。反之，中西部一些城市的市辖区因为人口外流等因素，造成辖区内治理范畴缩小，相关的机构编制与市辖区人口等要素比例过大，可以进行相应的缩小，但是却依然按照常规市辖区比例进行配置，反而造成了一定程度的行政资源浪费，引发财政负担过重。

三是财政管理政策的差异。财政是一级政府实施治理与谋求发展的最重要的资源，但是市辖区在财政管理政策上与县和县级市具有较大的差异，引发市辖区发展的困点。因为我国在改革开放后实行过"划分收支、分级包干"的财政政策，其中有一个具体政策为"划分收支、核定基数、定额上解或定额补贴"，这个政策成为市辖区财政管理政策的一个基础来源。县和县级市从法理上看还是由省管的，现实中所属的地级市只是"代管"。因此，很多县和县级市的财政管理是与省级政府的财政直接对接的，同时也能够得到所属地级市的财政支撑。而市辖区因为是城市分治型行政单位，所以其财政管理基本上只与所属城市对接。因此，市辖区的财政就要看所属城市的具体发展情况。经济较强的城市可能划分给市辖区的财政资源偏多，而经济较弱的城市就不能给予所属市辖区足够的财政资源，这就造成市辖区发展的不平衡。同时，同一城市给予所属市辖区在财政方面的政策是有所倾斜的，这主要是从城市的整体发展出发的。加之，市辖区给予城市的财政上缴也不相同，因而具体到市辖区身上就出现了"苦乐不均"，造成同一城市中的市辖区发展出现失衡。受此影响，市辖区之间就出现非正常的利益竞争，甚至影响到正常的市区关系，这是当前存在的显著困点。

市辖区管理政策的定位差异并不是单纯的主观原因造成的，这与我国计划经济体制及改革开放以来的发展政策与政区调整有着密切的关系，可以说是历史发展、体制变迁、法制滞后、治理布局等多方面原因造成的，可以说单从市辖区的角度是难以完全消弭相应困点的。因而，在分析相关问题的时候，要以市辖区为中心，联系相关主题探索综合性的解决方案。

二、市辖区设置的必要性与规范性问题

截至 2021 年底，我国大陆地区除了四个地级市外（甘肃省嘉峪关

市、海南省儋州市、广东省中山市、广东省东莞市），每个地级市都设置了市辖区。在目前的设区市中，有 59 个地级市只设了一个市辖区，即俗称的"单区市"。就目前的情况来看，市辖区在理论上成为了地级市的必备"要件"，同时也是现代城市治理的重要"工具"。但是，就目前存在 57 个"单区市"的现状来看，市辖区是不是每个城市（地级市）必须设置的一级行政单位成为了一个值得思考的问题。在这个问题下，市辖区无疑直接面临一个现实困点，即市辖区是否一定是城市必须要设置的治理单位和行政建制，以及到底哪些城市可以设置市辖区或未必一定要设置市辖区的规范性问题。

从市辖区的属性来看，其作为城市治理的"分治"性政区和建制，并不一定是非设不可的。针对这一困点，需要明确的是市辖区不能被简单地认为是现代城市行政管理的必要层级，而应该是城市（特别是大城市）为了保障与提升治理效能而设置的治理工具性政区。目前我国很多城市，特别是中小城市在设置市辖区的问题上还是要以城市治理效能来作为是否设置市辖区的重要指征。虽然，很多城市设置市辖区主要是为了将城市周边的地区纳入到城市范畴中来，用以拓展城市的治理空间，提升城市的等级地位。但是，如果一味地为了设置市辖区而设置，不仅使政区规模和机构体系膨胀而增加行政成本，也会引起城市治理职责的交叠及治理程序的复杂化。

基于此，市辖区设置必要性与规范性的困点主要集中于以下几个核心点：

一是城市达到何种治理规模可以设置市辖区。在城市化进程中，针对城市治理区域扩大、治理事务增加、人口规模提高、治理分工复杂等现实，将城市分区用以分担相应治理任务，实现城市治理效能的提升，这是市辖区设置最根本的目的。但是现在有一种潜在的观点认为设置市辖区是一个城市（地级市）正常的体现，即市辖区如同其他行政建制一样，是必须设置的。根据《宪法》第三十条规定，我国行政区域的划分可以归纳为：全国分为省、自治区、直辖市；省、自治区分为自治州、县、自治县、市；县、自治县分为乡、民族乡、镇。直辖市和较大的市分为区、县。由此可见，市辖区并不是必须设置的政区，只是直辖市和较大的市在特定需要下可以选择设置的行政单位。可以说，市辖区是为了应对相关管理问题并有效解决单纯依靠市级政府无法解决的问题而进行分区治理。因此，市辖区应该作为城市政府助手的角色出现。如果一个城市的治理完全可以由市级政府统筹，那市辖区并不是一个必设选项，可以由城市政府直接"链接"街道。如广东省东莞市作为特大城市，其就未设置市辖区，由城市政府直接管理 4 个街道和 28 个镇。因此，如何界定何种规模的城市需要设置或设置多少市辖区是一个需要进一步解决的重要问题。

二是市辖区的设置标准如何进一步明确。城市行政区划及市辖区管理中需要确立一个基层原则：即使必须设置市辖区，也不能随意设置或主观设置。当前有很多城市为了加快推进"城市化"进程，争取更多的发展资源和更高的行政地位，冒进甚至盲目地增设市辖区，拓展"城市"范畴。但是这样的情况会造成诸如"假性城市化""城市发展不均衡"等一系列问题。因此，必须要根据城市的现实发展情况及实际规模来设置市辖区。目前关于市辖区设置的标准是 2014 年民政部颁布的《市辖区设置标准》（征求意见稿），其主要是根据城市的人口规模作为基础标准，如规定城市市区总人口 100 万以下的，平均每 40 万人可设置 1 个市辖区；而城市市区人口 100 万—300 万的，平均每 50 万人可设置 1 个市辖区；城市市区人口超过 300 万的，平均每 60 万人可设置 1 个市辖区；等。同时，还规定了市辖区人口的最低人口为 25 万，且非农业人口不得少于 10 万。该标准还参照城市化的发展程度对县和县级市改设市辖区的标准进行了框定，用以作为增设市辖区的规制。但是总体来看，标准还是一个框架性的，属于一个较为笼统的标准。我国是一个超大型的发展中国家，各地区城市的发展差异很大，过于框架性的标准并不能完全规范市辖区的设置。与此同时，这个标准是 2014 年出台的，截至目前已经快 10 年了，我国城市化进程及各地区城市发展已经发生了很大的变化，所以亟需细化更新。值得注意的是，这个标准从出台至今一直是以"征求意见稿"的身份在使用，所以从相关部门的角度来看也认为其还有进一步细化完善的需要和空间。所以，针对我们这样一个超大型发展中国家的客观现实，统一的市辖区设置标准需要建立在细化相关标准的基础上，因此如何进一步明确市辖区设置标准是一个需要重点考虑的问题。

三是市辖区的设置主体是否可以更加多元化。这个问题其实是一个较为特殊的问题，即市辖区是否只能在城市设置呢？这个问题乍一听感觉是一个"假命题"，因为既然称之为"市辖区"，那必然是在城市建制的行政区划中设置。但如果结合当前我国城市化发展的进程，可以发现这个问题其实是需要进一步探讨并加以突破的。因为市辖区建制的设计初衷是为了分解城市治理的压力，提升城市治理效能，是城市治理"分治化"的行政区划。前文所述，我国是一个超大型的发展中国家，地区间经济社会发展差异较大，存在较为明显的"两化叠加"现象，即东部地区很多城市已经实现了现代化并开始探索后现代化的治理更新，而中西部的一些城市依然在完善现代化的道路上努力奋进。基于此现实，一些城市虽然人口众多，但是无论是产业发达程度还是公共服务供给质量层面都未必需要设置市辖区或设置过多的市辖区。而一些行政建制虽然不是地级市或直辖市，但其经济体量很大，城市治理中面临的各项任务很多，特别是城市治理已经开始进入到精细化阶段，但是因为限制无法进行"分区"治理。因此，这个问题就衍生为若干问题，如：市辖区是否只能在地级市设置，如果县级市符合条件且有现实需求是否可以设置；其他行政建制如县是否可以设置相应的"区"；根据某些地方发展的现实需要是否可以在省级行政区划下直接设置"区"，并由省级政府直接管理，等等。这些都是市辖区设置的必要性和规范性所衍生出来的需要深入探讨的现实问题。

市辖区设置的必要性和规范性问题看似多元，实际却直接关系到市辖区体制的优化发展，上述的问题如果不进行研究，市辖区的功能将会受到相应的限制。

三、城市政府治理权限分散及市-区关系复杂化问题

市辖区设置的初衷是因为现代城市管理事务日益复杂，单靠城市政府无法保质保量地完成全部的治理事务。因此，通过城市区划的"分治"来提升城市治理的效率和质量。由此可见，市辖区的设置的目标定位是在城市化进程中，分担城市治理的任务压力，保证城市治理的效能与质量的提升，推进城市治理现代化。但是从现实情况来看，市辖区的设置需要有一个"度"，即确保市辖区在能够发挥"分治"功能的同时不对城市政府的治理发生消极作用。但是这个"度"从现实来看并不是很好掌握。其主要存在以下几个方面的问题：一是部分城市出现为了设置"市辖区"而设置"市辖区"的情况，其主要目的是从行政区划的角度拓展城市的范畴，同时也能够增加一些岗位和资源，用以解决相关人事安排的问题；二是一些城市为了冲击大城市，特别是特大城市，以设置市辖区的方式改变了周边县和县级市的行政建制，将其纳入到城市的范畴中。但是这样反而造成了一些地区"假性城市化"和"城乡失衡"的问题；三是通过整合一些县或县级市等建制，设置新的市辖区，以拓展城市治理空间和资源，但却使城市发展出现了"摊大饼"式发展及"新城市病"等问题。以上相关问题的发生其根本原因就在于城市为了拓展治理范畴及资源。但是在城市不断拓展市辖区设置范畴的同时，也带来了另一个副作用，就是城市治理单元过多造成城市政府治理权限的分散，甚至影响到城市政府的权威性。如城市为了保证市辖区有效履行治理职责，肯定会下放一部分权限，特别是一些通过诸如"撤县（市）设区"而设置的市辖区在行政建制调整前甚至都商定的某些权限的保留。又如市辖区之间为了治理资源及利益诉求而发生一系列正常和非正常的竞争，这就会直接或间接地影响到城市政府的统筹规划。诸如此类的情况，都可以视为城市政府治理权限的分散问题。

此外，当前我国市辖区的产生除了传统存在的市辖区外，很多市辖区是通过"撤县（市）设区""区县（市）合并""切块设区""区界重组"等方式设置的。在此过程中，形成了多样化的市-区关系。经过归纳，市-区关系大致可以呈现为完全协同型、有限协同型、利益间隔型、利益相斥型等[1]，且各类关系相互交叠。复杂的市-区关系如何再进一步理顺，也是当前市辖区体制面临的重要困点。

第二节　市辖区体制的结构困点

市辖区体制的结构困点主要是指其在组织框架层面暴露出的一系列问题的总称，其主要呈现为市辖区的行政自主能力较弱、"职责同构"的问题依然突出、治理结构碎片化等。这些问题从本源上来看，并不是市辖区体制的问题，而是我国政府体系中的结构性问题。但是，市辖区因为其地位和作用的缘故，相关矛盾在市辖区层面较为突出，形成了市辖区体制的结构困点。从市辖区体制改革的角度来看，必须要将这些困点梳理清楚，才能为改革提供坚实的基础。

一、市辖区行政自主能力偏弱

无论从市辖区的设置目的，还是从具体的设置标准来看，市辖区从本质上是地级市和直辖市的"分治型"行政单位，其具有一定程度的"派出"性。在城市化的发展进程中，城市的空间规模和人口规模不断拓展，城市为了满足城市精细化管理及优化公共服务，就会通过建立"分治"政区来实现治理效能的提升。同时，城市为了提升功能地位，

1　邱实：《发展竞争中的利益协同：撤县（市）设区的发生逻辑及市区关系研究》，《经济社会体制比较》2022 年第 6 期。

整合经济社会发展资源，也会通过设置或调整市辖区来实现。可以说，市辖区是城市发展的产物。因此，市辖区在结构属性上就与其他的政区类型存在较大的差异。这种差异主要体现在两个方面：一是市辖区的设置、调整、撤销等需要以城市的治理需要为基础的，其动态性相较于其他政区而言更加地动态化。但是市辖区归根结底，毕竟还是一级行政建制，具有较为规范的设置标准和管理方式。这与市辖区的动态性之间发生了一定的张力。二是市辖区因为其政区属性，大部分市辖区的行政区划与所属市级政府的行政区划基本重合，因此在治理上就会出现与其他行政区划不同的治理结构与治理方式。在这两方面的差异化的作用下，市辖区的行政自主能力就偏弱。

所谓行政自主能力就是一级行政建制在法定职责和特定权限下，在其管辖区域内，在政策制定、资源整合、治理决策等方面拥有一定的权限。在政府过程中，一级行政建制通常都具有一定程度的行政自主能力，如对辖区内的各类资源进行整合和调配，对治理任务与权限进行分解等。但是市辖区相较于其他的行政建制，特别是同级行政建制，行政自主能力相对偏弱。这主要体现在以下几个方面：

第一，"城区型"市辖区（这主要是指原城区中设置的市辖区，即通常所称的"城区"）与所属城市的行政区划高度重合，造成市辖区行政能力的受限。这类市辖区从本质上来说并没有完全独立的"政区空间"，其最为显著的特征就是城市"分治区"。因此，这类市辖区的行政能力其实是所属城市的政府职能的延伸，并没有完全独立的"职能体系"及治理权限，其行政行为主要是满足所属城市政府的治理需要而设定的，自主性偏弱。

第二，"郊区型"市辖区，主要指通过"撤县（市）设区"等方式设置的与所属城市主城区不重叠的市辖区，在城市规划中往往会突出某方面的治理功能，造成市辖区发展的非均衡性或异质性。当前，很多城市往往会通过"撤县（市）设区""区界重组"等方式将周边的县或县级市改设为市辖区，用以拓展城市规模和增加人口总量，以求提升城等级，获取更多的治理资源。这样就出现了大量的"郊区型"市辖区。这类市辖区虽然与所属城市在行政区划上不重叠，但是却在设置时被赋予了一些特定的功能定位，如作为特色产业的培育的区域、工业集中安置区域、新型农业发展区域等。从整体来看，这就使这类市辖区不能有效履行职能，造成其职能的"偏科"，因此出现行政能力弱化的问题。

　　第三，市辖区角色的"摆动性"使市辖区的行政能力的自主性不稳定。市辖区的角色定位具有双重性特征，即城市"分治型"政区和实体行政建制。作为城市"分治型"政区，市辖区的主要任务就是辅助城市实现治理精细化，提升公共服务供给的质量。而作为一级实体行政建制，其又具有较为完备的机构职能体系，需要配置相应资源与治理权限，更需要赋予其较为自主的行政能力。但是，在政府过程中，市辖区的双重角色却发生较为明显的矛盾，形成较强的体制张力。从城市的角度来看，更希望市辖区发挥"分治型"政区的功能，以求实现城市化发展的目标。但是从市辖区的角度来看，其更像突出实体行政建制的角色，保证具有较多的治理权限和治理资源。从实际情况出发，城市对于市辖区的规制能力更强，处于绝对的强势地位。但市辖区也会依托其特定的功能和地位，向所属城市政府争取一定的治理权限及资源，这样就出现了市辖区双重属性的"摆动性"，使市辖区体制出现较为明显的结构困点。

二、市辖区机构设置的同构性突出

　　市辖区机构设置具有突出的"职责同构"特征，这引发了市辖区体制结构困点的另一个重要原因。我国纵向政府间存在较为明显的"职责同构"特征，即不同层级的政府在纵向间职能、职责和机构设置上的高度统一、一致。[1] 也就是通常所说的上下级政府间机构"上下一般齐、

1　朱光磊、张志红：《"职责同构"批判》，《北京大学学报》（哲学社会科学版）2005 年第 1 期。

左右一般粗"。因为市辖区是为服务城市治理现实需要而设置的"分治型"政区，相较于其他政府间纵向关系，城市政府对市辖区的机构设置具有更加突出的主导能力。因此，市辖区机构设置的"职责同构"特征也就更加突出。因为市辖区本身的角色的"双重性"及其在城市治理中的特定功能定位，其"同构性"可以从两个方面呈现：一是外部性的"同构"。所谓外部性"同构"就是指市辖区似乎成为每个城市的"标配"，形成每个城市都需要设置"市辖区"的定势思维，甚至认为市辖区是现代城市的必要组件。这种外部性"同构"在现实中非常显著，如截至 2022 年 12 月 31 日，我国除了广东省东莞市和中山市、海南省儋州市、甘肃省嘉峪关市未设置市辖区外，其他城市均设置了市辖区，其中还包括 57 个单区市，即一个城市只设置了一个市辖区。由此可见，起初作为提升城市治理能力和治理效能的"分治型"政区已经变化为现代城市的必设政区，这可以理解为是市辖区体制在政府过程中的一种"异化"。二是内部性的"同构"。从理论上说，市辖区是根据城市建设与治理的需要而设置的，因此市辖区的职责界定与机构设置要根据市辖区的功能定位和治理角色而定，因此市辖区机构职能体系应该进行区别化的设置。但是，目前我国政府纵向间关系具有"职责同构"特征，使政府间机构设置形成"上下对齐，左右对称"的形式。因此，当前我国绝大部分市辖区几乎都按照一个"模板"设置的，其机构设置及职责配置与所属市级政府高度"同构"，即使不同地区的市辖区也存在较为明显的"同构"性。

市辖区机构设置高度的同构性从本质上反映了其政府职责配置的"固化"。正常情况下，不同城市和同一城市的不同区域在功能定位和发展进程上具有较大的差异，但是市辖区这一直接执行治理任务的行政建制却设置着高度"同构"的机构，其本质就是政府职责没能够在城市治理的过程中实现有效的动态配置。高度的"同构性"在一定程度上能够保证市级政府的政令畅通，并保证政策有效执行。但同时也使市辖区体制出现"僵化"特征，造成政府职责配置的动态性与体制同构固化性之间的"张力",进而引发市辖区体制的困点。

三、城市治理的整体性降低

城市化发展的大趋势下,很多城市希望能够增设市辖区,特别是将周边的县级市和县改设为市辖区,用以获得更多的发展空间和治理资源,进而提升城市的竞争力。基于此,很多城市除了保持原来的"城区"型市辖区外,还设置了一定数量的"郊区"型市辖区,甚至将开发区也改设为行政区并纳入到市辖区的管理轨道中。与此同时,大量"单区市"的存在也表明从城市的角度来看,设置市辖区是一个非常主动的行为。在这样的大背景下,市辖区的数量逐年递增,在实现城市规模拓展的同时也出现了城市治理整体性下降的结构性困点。具体而言,该困点主要体现为:

一是市级政府的权威性下降。城市设置了市辖区用以分解治理任务及实现治理精细化,则必然需要下放一定治理权限。现实中,增加市辖区数量、拓展市辖区规模、提升市辖区权限等措施在提升市辖区治理能力的同时,也造成市区关系的变化,其中产生诸如市辖区与市级政府职能部门产生利益博弈等情况。同时,随着诸多权限的下降,很多直接事务都交给市辖区处理,而作为城市管理的"第一责任者"的市级政府反而在一定程度上成为了"间接"的管理者,这其实是不利于城市整体治理的。城市治理是需要具有统一性和整体性的,如果向市辖区"下放权力"的最终结果是出现市-区"分家"的结果非但不能促进城市发展,反而成为阻碍城市整体治理的"掣肘"。从这个角度来看,市辖区体制的管理模式及市级政府如何优化向市辖区"放权"就成了一个值得思考的问题。[1]

二是区际竞争异化现象频发。市辖区作为城市的一级行政建制具有

---

[1]   朱光磊、王雪丽:《市辖区体制改革初探》,《南开学报》(哲学社会科学版)2013年第4期。

相应的发展需求和利益诉求，因此市辖区之间的竞争逐步出现异化现象，影响到城市治理的整体性。从现实的角度看，市辖区具有利益诉求及发生区际之间的竞争是合理的，这也是政府间横向关系的一种形式。但是随着城市的不断发展，市辖区之间因为各类主观及客观原因，开始出现发展差异。同时，城市的整体发展资源从总量上是有限的，一个区获取了较多的发展资源，另一个区可能就会获取相对较少的发展资源。在这样的情况下，各市辖区就开始在各类发展资源的竞争上发力，以求获取更好的发展。这种情况就促使区际竞争发生异化，即正常的竞争发生扭曲。如一些市辖区为了推动相关区域发展，积极参与到城市地铁路线规划及地铁站选址的竞争中，甚至采用了非正常的方式。还有一些市辖区偏重于发展旅游，而相邻的市辖区偏向于发展工业，在两区交界的地方就出现一边努力在推进环境优化，另一边在加速建造"烟囱"，形成较大的反差，甚至发生区际矛盾。在这种情况下，市级政府理应出来进行协调，但是每个城市的政府也有相应的发展规划及发展目标，而其发展规划也需要落实在特定的市辖区内进行，因此市级政府有时也会出现"拉偏架"，甚至"默不作声"的情况。这一系列的区级竞争异化现象极大地影响了城市治理的整体性，造成治理"碎片化"的发生。

三是城市治理出现"摊大饼"现象。当前，很多城市通过"撤县（市）设区"等方式增设市辖区，同时也尝试通过合并原市辖区的方式整合扩大市辖区面积。如2013年南京市撤销原秦淮区和白下区，整合为新的秦淮区，同时当年撤销溧水县、高淳县，设置溧水区和高淳区。类似的情况，在上海等其他城市也发生过。这样的情况极大地拓展了城市的空间，为城市建成区的扩大提供了条件，同时也为城市等级的提升奠定了基础。但是这样做也产生了一些负面影响，如城市治理出现较为明显的"摊大饼"的现象。所谓"摊大饼"现象就是为了拓展治理区域，一味地增设市辖区，造成诸如假性"城市化"等问题。这对市辖区最为明显的负面影响则是治理资源的分散，就类似于"摊大饼"一样，摊子铺得很大，哪里都涉及了，但是哪里都不突出。基于这样的情况，加之原市辖区之间就存在发展不均衡的情况，就会发生城市治理整体性降低的问题。值得注意的是，在"摊大饼"的市辖区发展布局下，还有一种"交界真空"的问题也随之出现。所谓"交界真空"就是指市辖区交界的地区容易出现治理缺失或协同障碍的问题。因为每个市辖区都有各自的利益诉求，在资源分散的情况下必然需要将优先的资源集中到各自的"针尖"上，不会放在边界地区，因此出现了区界地区的治理"真空"，如上海的"曹家渡"商圈就是较为典型的案例。这个问题对于城市治理及市辖区体制是一个明显的结构困点，如果不妥善处理，会影响到城市的合理发展。

第三节　市辖区体制的运行困点

市辖区体制的运行困点主要是指市辖区设置、发展、调整中发生的一系列影响市辖区体制运行的动态性问题。如城市扩张下的"假性城市化"问题和各类"新城市病"、城市治理现代化进程中市辖区之间的协同障碍、城市内部的"模糊治理"等。市辖区体制中的运行困点并不一定同时出现，但却具有"共性"，是未来市辖区体制改革需要解决的重要现实问题。

一、城市扩张下的"假性城市化"与"城市病"

市辖区规模的拓展是当前城市扩张的重要形式和方式，这既符合行政规范，也符合城市化发展需求。在城市化进程客观影响和城市发展绩效主观考核的双重刺激下，全国众多城市都在尝试拓展"市域"，以求获取更多的发展资源。因此，无论是超（特）大城市，还是大中型城市，甚至是新兴的中小城市，都在尝试利用市辖区规模的拓展来获取更多的发展资源。市辖区的增设及扩大使城市的治理空间不断拓展，为城市化的进一步发展创造了条件。但是，随着市辖区规模拓展而不断扩张的城市出现了"假性城市化"与"城市病"的问题。

所谓"假性城市化"是指在空间上达到或基本达到城市化的标准，而实质上距离真正的城市化还存在差异。"假性城市化"又可以理解为城市从外在的"硬件"看实现了城市化，而其内在的"软件"则远未实现。因为我国城市等级的划分主要是以建成区常住人口为统计标准的，分为五档七类。如城市建成区常住人口超过 1000 万的城市为超大城市，建成区常住人口为 500 万至 1000 万的为超大城市。由于城市等级的提升可以获取更多的治理资源，增强城市发展的动力，所以很多城市都希望能够提升城市等级。而提升城市等级的关键在于扩大城市建成区的人口，因此很多城市便通过增设或拓展市辖区的方式来实现这一目标。通过该方法，城市可以将城市周边的土地空间以行政区划调整的方式进行"整合"，将原属于县或县级市的管理权限划归城市政府，在拓展城市规模的同时集中资源。如 2019 年，山东省莱芜市作为市辖区建制并入济南市就是一个典型的例证。虽然这种做法可以在短时间内获得"立竿见影"的效果，但从长远来看却引发了"假性城市化"的问题。如一些城市以增设或扩大市辖区的方式拓展城市规模，但实际的城市化率并没有提升，反而造成城市出现"广域"的特征，并引发发展不均衡等问题。有相当一部分城市将周边的县改设为市辖区并入城市政区范畴，而其本质并未发生变化，相关市辖区的农业比例依然较高，人口虽然增加但并未能够实现扩大城市建成区的目的。同时，这种做法还使我国传统的县制发生非正常的"萎缩"，并造成土地资源使用过于粗犷，资源匹配度和使用率偏低等情况。

而"城市病"主要是指城市发展进程中，出现的各类现实问题，如环境污染、交通堵塞、住房紧张、能源短缺等，也包括贫富差距、教育公平等社会问题。城市通过对市辖区体制的调整推进城市扩张，快速拓展城市的面积，但城市的功能区布局、交通设施建设、住房供给配套等方面却没有完全跟上，引发通勤困难且时间较长、住房供给不足、公共服务配套失衡等问题。同时，城市快速扩大中的"假性城市化"问题又引发教育、医疗、养老等资源分配不均，造成一系列社会公平的问题。"城市病"的产生并不是市辖区体制的问题，但是却在一定程度上是由于城市利用市辖区体制扩张城市规模所引发的。因此，可以将其归纳到市辖区体制的运行过程中衍生的问题，也可以从市辖区体制改革的角度加以修正和优化。

二、城市治理现代化进程中市辖区间的协同障碍

随着城市的扩大，市辖区的数量也在增加。市辖区是城市的重要组成部分，其履行着城市治理的重要任务，是城市发展质量提升的重要角色。从城市整体发展来看，只有市辖区之间充分协同，才能够有效保障城市治理现代化的推进。但是，当前很多市辖区之间却产生了协同障碍。市辖区间的协同障碍主要呈现为两种形态：

一是各市辖区间因发展利益而发生竞争，引起的主观性协同障碍。当前，很多地级市都在尝试扩大市辖区规模，增加市辖区权限，通过"做大做强"市辖区来获取城市发展资源，提高城市治理效能。但是在这个过程中，也引发了市辖区区际之间的非正常竞争，造成市辖区间的协同障碍。这种协同障碍的具体表现就是在政府过程中，各市辖区出现竞争异化下"争利推责"现象。如前文所述的上海市曹家渡商圈，其地处上海市静安、普陀和长宁三区交界处，因为区际之间的利益问题，曾出现区际协同障碍，进而造成该地区公共服务和城市治理的"碎片化"，最终造成曹家渡商圈的衰落。[1] 而在面临区域发展资源利益分配的时候，市辖区之间还会产生"争夺"行为。[2] 如城市重要公共设施或商业中心

---

[1]　刘君德、何建红：《社区的行政分割及其整合研究——以上海市曹家渡为例》，《上海城市规划》1998 年第 4 期。
[2]　何李：《区划型行政壁垒：地方政府合作中亟待破除的空间障碍》，《理论与现代化》2018 年第 4 期。

建设时，各市辖区就会主动或被动地从自身利益出发，通过各种方式来争取有利的发展资源。这在无形中不仅影响了城市治理规划的整体性，也造成财政等公共资源的额外消耗。另一方面，因为市辖区的"扩张"，"做大做强"后的市辖区政府无法有效完成全部的治理职责，区政府及各机构不得不把各类职责"下沉"到街道或社区，造成市辖区政府职责的非正常"转嫁"，使街道和社区的工作压力大幅增加，不仅影响了公共服务的质量，也间接抑制了基层社区自治功能的发挥。[1] 由此可见，目前市辖区体制的发展现状与其最初的"分治"政区的职责定位发生了"偏差"，市辖区间协同配合优化城市治理的功能目标未达到预设水准，城市治理整体性弱化现象明显。

二是由于各市辖区功能定位的差异造成的客观性协同障碍。因为各市辖区之间的发展历史、生成模式、功能定位、发展水平等多方面因素均存在较大差异，因而会产生不同的发展诉求。基于各自的发展诉求，市辖区会从本区域的现实需求出发，力求本辖区的利益得到最大限度的满足，以求在绩效考核和治理资源后续分配方面获得优先权。但是，每个市辖区的发展定位和利益诉求是存在差异的，因此在城市治理中各市辖区之间就必然会产生客观上的协同障碍。如有的市辖区注重旅游业的发展，而有的市辖区是所属城市的重要工业区，甚至有一些市辖区是城市周边郊县改设而成，还存在较为明显的农业属性。从这个角度来看，想通过市级政府统一协调使各市辖区协同共进尚不是一件容易的事情，更不要说由各市辖区自发进行协同了。

在主客观因素的双重作用下，市辖区出现了各种较为明显的协同障碍。虽然不能将所有的障碍都算在市辖区体制的头上，但很多却是由市辖区体制及运行机制直接或间接引发的，可以从市辖区体制入手进行解决及优化。

1　赵聚军：《我国市辖区行政区划调整导向的合流与分野》，《天津社会科学》2018 年第 1 期。

三、城市治理的"模糊化"

市辖区的政区差异性与设置同构性的矛盾引发城市治理"模糊化"。从当前的总体情况来看，我国市辖区的政区差异性主要从两个层次体现：一是不同地区市辖区所面临的治理要求存在差异。我国是一个超大型的发展中国家，不同地区经济社会发展差异较大，且所面临的治理要求不同。如西部一些城市市辖区主要是解决公共基础设施建设和基本公共服务供给等问题，而东部发达地区的市辖区则普遍进入到高质量公共服务和协同高效的城市治理阶段。概括而言，即市辖区在不同地区的城市治理中出现了现代化与后现代化"两化叠加"的差异性。二是同一地区或同一城市中的市辖区，因为政区设置"来源"及调整方式的不同，造成市辖区间的实质差异性。如市辖区可以分为"市区"（主城或建成区的市辖区）、"郊区"（原郊县或县级市改制市辖区）、"合并区"（原有市辖区进行整合而成的新市辖区）等，不同类型的市辖区的治理要求、治理空间、治理要素等都具有较大差异性。不过从目前我国行政区划及其机构设置情况来看，"同构"特征非常明显，虽然不同地区、不同类型的市辖区具有差异性，但是市辖区的机构设置、编制安排、治理模式等都相差无几，进而造成现实差异性与设置同构性的矛盾，引发政府城市治理的"模糊化"。如南京市鼓楼区（主城市辖区）和溧水区（撤县改区的市辖区）在机构设置和管理模式上基本同步，而其管辖范围和治理目标却可以说是"天差地别"，无论是日常城市管理还是"放管服"改革中的具体措施都存在巨大差异。这就引发市辖区治理任务无法有效完成及市辖区间的协同性障碍，加之目前没有有效的方法来应对这种差异性和同构性所造成的治理困境，进而造成城市治理的"模糊化"。

第四节　市辖区体制改革的目标导向

市辖区体制改革的目标导向就是要解决市辖区体制改革是为了什么的问题。每一项改革都有其特定的目标，作为我国行政管理体制改革重要部分的市辖区体制改革也必然具有明确的目标导向。当前，城市治理现代化是市辖区体制改革的宏观背景和总体目标。基于此，市辖区体制改革的目标导向更加聚焦，即在城市治理现代化的大背景下，提升城市治理的效能、改进城市行政管理体制、优化城市公共服务质量，建设新时代"宜业、宜居、宜乐、宜游"的人民城市。

一、提升城市治理效能

城市是人聚居的地方，其治理都是围绕居民的现实需求进行的。习近平总书记指出："推进城市治理，根本目的是提升人民群众的获得感、幸福感、安全感。"[1] 因此，城市治理中最为核心的关键就是最大限度地满足人民群众在生活、工作等各方面的需求。而要实现这一目标的关键在于提升城市治理的效能。"城市是人民的城市，人民城市为人民。无论是城市规划还是城市建设，无论是新城区建设还是老城区改造，都要坚持以人民为中心，聚焦人民群众的需求，合理安排生产、生活、生态空间，走内涵式、集约型、绿色化的高质量发展路子，努力创造宜业、宜居、宜乐、宜游的良好环境，让人民有更多获得感，为人民创造更加幸福的美好生活。"[2] 这是我国城市治理效能提升的目标与路径，是推进"以人民为中心"的城市治理现代化的宗旨。

市辖区作为城市治理的主体单元，其对提升城市治理的效能具有重

---

[1] 习近平：《论把握新发展阶段、贯彻新发展理念、构建新发展格局》，中央文献出版社 2021 年，第 437 页。

[2] 习近平：《在上海考察时的讲话》，《人民日报》2019 年 11 月 4 日。

要的作用。本质上，市辖区体制改革的核心目标就是提升城市治理效能，推进城市治理现代化。市辖区体制改革对城市治理效能提升的现实作用主要在于：一是贯彻落实"以人民为中心"的人民城市建设宗旨。城市治理的最终目标是为了满足人民群众对于美好生活的需要，推进城市化进程，加快经济社会发展。市辖区作为城市治理各项政策执行者，其体制及运行的效能直接影响到城市治理的效能。市辖区作为城市中较为贴近基层的层级，更容易接触到人民群众，也更加了解人民群众的基本诉求，更懂得通过何种治理政策能够更好地服务人民群众。因此，城市治理效能的提升需要市辖区体制改革的协同配合。二是合理规划城市治理空间，创造宜业、宜居、宜乐、宜游的良好环境。在城市总体发展规划下，市辖区在城市治理中负责辖区内的基础设施建设和区域发展规划的职责。这对于城市治理空间布局、资源调配、结构调整等都有着重要的作用。可以说，市辖区对所属辖区的空间治理是城市空间治理的部分，共同构成城市空间治理的整体，各市辖区对于创造宜业、宜居、宜乐、宜游的良好环境发挥不同程度的作用。只有通过市辖区体制改革将市辖区的空间治理职责进一步完善，能力进一步提升，进而促成部门带动整体的积极效果，推动城市空间治理的整体优化。三是统筹政府、社会、市民三大主体，共同推进城市治理效能的提升与现代化发展。习近平总书记在《做好城市工作的基本思路》中指出，"城市政府应该从'划桨人'转变为'掌舵人'，同市场、企业、市民一起管理城市事务、承担社会责任。只有让全体市民共同参与，从房前屋后实事做起，从身边的小事做起，把市民和政府的关系从'你和我'变成'我们'，从'要我做'变为'一起做'，才能真正实现城市共治共管、共享共建。"[1]市辖区是最接近更加了解社会治理中的各类问题，也更懂人民群众对美好生活追求的各种诉求，因此通过市辖区体制改革可以将政府、社会与市民三大主体统筹起来，形成推进城市治理效能提升的力量。

---

[1] 《十八大以来重要文献选编》（下），中央文献出版社 2018 年，第 92 页。

二、改进城市行政管理体制

城市行政管理体制的改进是市辖区体制改革的重要导向，同时市辖区体制改革也是改进城市行政管理体制的主要方式。行政体制改革可以从结构和运行两个角度来审视，结构主要是指行政管理体制的框架设计，而运行主要是行政管理体制框架基础上具体的行政机制。市辖区体制改革的导向是改进城市管理体制，具体的改进也可以从结构和运行两个层面来呈现。

从结构层面来看，市辖区体制改革对于城市行政管理体制的改进主要在于行政层级的调整与机构部门的整合。当前我国城市实行"两级政府、三级管理"的体制，即市、市辖区两级政府；市、市辖区、街道办事处三级管理。就市辖区而言，市辖区是根据城市行政管理的需要，承担所属城市治理职能的行政单位。因为随着经济社会的发展，城市需要管理的事务越来越多，为了实现治理的有效性和行政成本的节约，设置市辖区承担部分治理任务和服务职能。从这个角度来说，市辖区是城市治理的"分治型"政区。而从法理上看，街道办事处是市辖区的派出机关，并不是一级行政建制。但在城市治理中，其却发挥了部分政府的功能，所以形成了"三级管理"的现实。为了有效提升城市治理效能，进一步降低行政成本，贯彻落实"以人民为中心"的宗旨，使城市治理充分满足人民群众对美好生活的追求，需要对城市行政管理层级进行调整优化。本书的观点主要是对市辖区的辖区面积进行"切割"设置更多的市辖区，并"重置"市辖区设置标准，努力将市辖区都转变为"城市型"。同时，根据现实情况逐步整合、缩减甚至撤销街道，使市辖区直接对接社区，介入基层。另一方面，要对市辖区的机构职能体系进行整合，继续推进市辖区层面的"大部门化"，即将职责相近的部门进一步进行整合，使市辖区的机构进一步精简，可以尝试不与市的机构完全对应。同时，根据市辖区的管辖范畴和治理事务，可以对市辖区下放部分机构设置权限，在总额限制的基础上，以城市为单位，各市辖区可以自主设置机构部门，使其更加适合市辖区体制的运行。

从运行层面来看，市辖区体制的运行要遵循现代城市行政管理的基本原则，使其充分融入城市行政管理体制的运行机制之中，成为一个整体，而不能是两级不同行政主体运行机制的"并行"。基于此，市辖区体制要坚持"市区联动"原则，将条块关系融入到运行机制中，充分厘清市区职责关系，锚定城市治理的现代化发展方向。因此，市辖区体制对于城市行政管理体制的改进主要在于财政管理的优化和条块关系的理顺。财政管理体制主要是根据实际需要进一步赋予市辖区相对独立的财政管理权限，并丰富其财政来源，如赋予地方主体税种、完善财政转移支付制度等。财政是市辖区体制运行的重要基础，如果没有财政的支撑，任何体制都无法有效运行。（这个问题在本书后续章节中会专门进行论述）而条块关系是市辖区体制及城市行政管理体制中另一个重要的运行机制。条块关系是我国政府间关系的重要特征，也是我国行政管理体制生成与发展过程中的产物。条块关系贯穿于各级政府行政体制运行过程中，且发挥非常重要的作用。"条"通常是指上下对口的业务指导部门或垂直管理部门，而"块"则是各级地方政府。市与市辖区都在条块关系中，要厘清条块关系中的各种类型的关系，并根据地区的实际情况，科学赋能条线部门，强化属地管理原则，协同推进城市治理现代化。（这个问题也会在后续章节进行详细论述）

三、优化城市公共服务质量

城市是公共服务供给的主要场域，优化城市公共服务质量对"人民城市"建设和满足人民群众对美好生活的诉求具有重要意义。市辖区作为现代城市的"分治"政区，其核心职责之一就是提供公共服务并不断推进均等化、质量化。优化城市公共服务质量，其本质就是建设"以人民为中心"的服务型政府，将提供高质量的公共服务作为政府的基本职责。从理论层面来看，公共服务可以理解为：从内涵看，是为了保障公民基本权利，不断满足日益增长的公共需求，实现社会全面协调可持续发展，政府应该按照公平正义原则，直接或间接地向全体公民提供各种必要的公共服务设施和条件，这是现代政府应该依法履行且需不断强化的一项重要职能；从外延看，是以政府等公共部门为主提供的，包括公共教育、社会保障、医疗卫生、社会就业、科技、文化、体育、环境保护等在内的各项公共服务制度、体制、机制、设施和条件。[1] 由此可见，市辖区作为城市治理的重要单元，需要直接担负起优化公共服务的职责。具体而言：一是市辖区要在政府角色从"管理者"向"服务者"转型的基础上，进一步深化提供高质量、均等化的全面公共服务的角色定位，将公共服务供给及服务质量提升作为市辖区的核心职责。二是改善公共服务供给的理念和方式，落实市辖区作为城市公共服务政策执行主体的责任。三是积极吸纳人民群众和社会各界对于公共服务的建议和意见，将自身进一步融入到政府过程中，充分发挥意见综合主体的功能，并及时将相关信息反馈到市级政府的决策部门进行优化，充分发挥公共服务中信息传输的"枢纽"作用。四是进一步落实"以人民为中心"的理念，彻底更新市辖区的行政观念和行政方式，调整行政角色，充分担当起服务人民、服务基层的角色。

根据市辖区体制改革现实困点和目标导向，市辖区体制改革的基本思路可以确定为：重构市辖区角色属性、优化市辖区职责配置、理顺市辖区条块关系和建构市辖区发展的保障机制。这四个部分是对市辖区体制现实困点的回应，也是对改革目标导向的遵循，前后衔接，互相支撑，共同推进市辖区体制的完善与发展。因具体思路在导论部分已做论述，故在此不再赘述。

1　朱光磊等：《服务性政府建设规律研究》，经济科学出版社 2013 年，第 102 页。

第四章　自身重塑：重构市辖区角色属性

市辖区体制改革的首要条件就是要对市辖区进行自身重塑。所谓"自身重塑"是指基于中国特色社会主义行政管理体制的基本框架，对市辖区进行功能类型、行政定位及机构体系等角色属性进行"重构"，使其更加符合城市治理现代化的现实需要。

第一节　界定市辖区的功能类型

市辖区"自身重塑"的先决条件就是要明确界定市辖区的功能类型，使其更加符合城市治理现代化的需要，这是重构市辖区行政角色的体现。从现实来看，当前市辖区主要是依据行政级别来划分的。如直辖市的市辖区多为正厅级行政建制，而地级市的市辖区多为正处级行政建制。此外，副省级市的市辖区的行政级别又通常为副厅级或正厅级，而上海浦东新区和天津滨海新区则为副省级的市辖区。从行政级别的角度对市辖区进行类型界定容易陷入定势化的"窠臼"，不利于从动态的视角来创新市辖区的角色属性，进而也就无法有效与城市治理现代化的目标导向相契合。同时，如果不能对市辖区的类型进行较为合理的界定，纵向上的行政角色厘定与横向上的机构体系调整也都无法顺利实现。

目前，我国市辖区从法理层面并没有一个明确的类型划分标准。因此，需要根据市辖区在城市中设置的初衷，结合其治理区域及治理职责，将我国市辖区的功能类型界定为"城区"治理型市辖区、"外部"拓展型市辖区、"混合"发展型市辖区和特殊功能型市辖区；通过对市辖区功能类型的细化界定，为市辖区体制改革奠定基础。

一、"城区"治理型市辖区

"城区"治理型市辖区即传统意义上的市辖区，其主要是为了提高城市治理效能而设置的"分治"型区划。"城区"治理型市辖区顾名思义，就是主要是在城市建成区设置，并对建成区内相关事务进行有效治理的市辖区类型。"城区"治理型市辖区从其内涵来说，可以分为两个层次：一是"城区"。该类型的市辖区主要在传统"城区"，即城市建成区，其行政区划与城市传统城区高度一致。如北京市西城区、上海市黄浦区、南京市玄武区等。二是"治理"。因为城市主体城区的基础设施完善，产业结构成熟，功能定位明确，所以并不需要进行较大程度的建设或改造，而是实现治理的"精细化"，提高城市治理效能。基于此，该类型市辖区的功能类型可以界定为"城区"治理型市辖区。

"城区"治理型市辖区通常都位于所属城市的中心位置，以第二、第三产业为主，人口稠密，经济发达。该类型市辖区主要具有以下特点：一是"派出"属性更明显。"城区"治理型市辖区因为多处于城市建成区，行政区划与所属城市的主城区高度重合，其很多职能本质上是市级政府职能的延伸，治理事务多是市级政府治理任务的"发包"。所以，该类型市辖区的独立性相对偏弱。二是协同性要求更强。前文所述，"城区"治理型市辖区主要在所属城市的主城区，其面积相较于其他类型的市辖区来说相对偏小，但却聚居着大量的人口，且多为城市的金融、文化、商业、旅游等中心。因此，其需要建设并维护大量的基础设施，并面对复杂多变的治理事务。任何一个"城区"治理型市辖区都需要从城市治理的整体视角出发，以协同的方式与相邻市辖区共同完成。如轨道交通、排给水系统、供电燃气管道等，都需要进行协同才能够共同发展。所以，该类型市辖区具有较为明显的协同性。三是治理的直接性更高。"城区"治理型市辖区负责的治理职责较多，且事务繁杂，因此很多时候具有较强的直接性，即很多治理事务都由市辖区政府及其组成机构来完成，如社会管理、公共服务、居民事务办理、企事业单位对接等，可以说辖区内的经济、政治和社会关系等都由其直接完成。[1]虽然"城区"治理型市辖区下也设立相应街道，但因为该类型市辖区的特殊属性，造成其自身就成为实际意义上的"基层政府"，下设街道及社区在一定程度上成为落实具体任务及进行辅助工作的单位。

该类型市辖区原来在我国市辖区中占比很高，可以说大部分的市辖区都可以界定为"城区"治理型市辖区。但是随着"撤县（市）设区""区县合并""区界重组"等区划调整的发生，该类型市辖区的比例在逐年下降，但依然是市辖区的主流类型，对城市治理现代化具有重要的作用。

二、"外部"拓展型市辖区

"外部"拓展型市辖区主要是指城市将其周边的县和县级市改设而成的市辖区。因为该类型市辖区设置多以拓展城市空间为目标，因此其生成方式主要有"撤县（市）设区""区县合并""区界重组"等。"外部"拓展型市辖区也包含两个方面的内涵：一是"外部"。这里的"外部"可以从行政区划的角度来进行界定，即"城区"周边紧邻建成区的区域。"外部"区域的第一产业比重还较高，相较于"城区"，其第二、第三产业的比重不是很高。二是"拓展"。当前，很多"外部"拓展型市辖区的设置目的主要是为了拓展城市的地理空间和人口总量，以求促进城市的发展。基于此，"拓展"就衍生出两个层次的理解：一方面

1　马祖琦：《海峡两岸大城市市辖区区级行政管理体制比较》，《经济地理》2005 年第 2 期。

"拓展"了城市的空间规模，另一方面也"拓展"了城市的发展能力。虽然将该类型的市辖区界定为"外部"型，但并不意味着相应市辖区的经济社会发展程度一定就低于所属城市，很多该类型的市辖区是原县级市改设而成的，其本身就具有较强的经济体量和发展能力，如苏州下辖的市辖区很多就是如此。同时，一些超大城市和特大城市都具有较多该类型市辖区，如杭州市临安区、南京市溧水区、常州市武进区等，这些市辖区在城市发展中发挥了极其重要的作用。

"外部"拓展型市辖区通常位于所属城市的主城区的外围，依据各自的产业特点、资源禀赋、区域优势等功能为城市发展发挥作用。该类型市辖区的特点也较为突出：一是治理辖区相对独立。"外部"拓展型市辖区通常拥有一个相对独立的辖区，其辖区与所属城市的传统主城并不重合，这类市辖区原为县或县级市，治理辖区相对独立，由于原行政建制的"历史惯性"，"外部"拓展型市辖区具有一个相对完整的"县域"治理形态，包括经济体系、行政体系、产业体系等。基于这个现实，市级政府在进行城市治理和制定发展规划时，会充分考量"外部"拓展型市辖区的现实情况，特殊情况下对其进行单独设计或赋予其相较于其他类型市辖区更多的治理权限。二是行政管理的综合性较强。因为"外部"拓展型市辖区原多为城市代管或周边的县、县级市，具有规模较大的第一产业。因此，在其改设为市辖区后既要履行城市管理职责，又要承担原有的农业管理及城乡发展任务，这必然使"外部"拓展型市辖区行政管理的综合性明显。同时，"外部"拓展型市辖区下辖的行政单位既包括街道，也包括乡镇，行政管理的综合性和复杂性都要高于其他类型的市辖区。三是治理施政的重构性明显。城市周边的县或县级市改设为市辖区后，无论其辖区独立程度多高，行政管理综合性多强，其从整体发展规划上依然要纳入到城市的整体性之中。因此，该类型市辖区在原有基础上必然需要对基础设施、经济发展、教育资源等各方面进行不同程度的重构，使其能够更好地融入到城市整体治理及发展的"轨道"中。

根据"外部"拓展型市辖区的特点，在城市治理中需要对其进行"特事特办"，充分考虑到该类型市辖区的"个体特征"，不能"一刀切"，要在统筹治理的基础上充分尊重其"个性"。本书中，笔者虽然主张将市辖区的规模缩小，通过增设市辖区来减少或取代"街道"一级建制，直接与社区对接，共同负责城市治理的具体事务，但就"外部"拓展型市辖区而言，在其所属城市其相应市辖区达到较高程度的城市化前，并不建议对其规模进行缩减，应该保持其原有的制度"惯性"。

三、"混合"发展型市辖区

"混合"发展型市辖区是在城市化进程中，通过"区界重组""区县合并"等方式形成的，为实现城市整体均衡发展的市辖区。"混合"发展型市辖区对于提升城市治理水平和城市整体规模具有较强的作用。从内涵来看，"混合"发展型市辖区也包含两个方面：一是"混合"。即在市辖区变迁过程中对不同治理属性的市辖区进行"混合"，通过统筹形成合力，使其成为一个行政主体并共同发展。通常，"混合"分为"城区"混合和"城郊"混合。"城区"混合是指将较为发达的核心城区和发展相对滞后的城区进行整合的过程，如 2013 年南京市鼓楼区与下关区整合为新的鼓楼区，就是较为典型的"城区"混合案例。而"城郊"混合则是将原城区与原郊区整合为同一市辖区，该类型市辖区既包括城市主城区的一部分，也包括周边原"郊区"的部分。"城郊"混合的原因相较于"城区"混合要复杂，其中建成区随城市化发展向郊区延伸扩展是最为主要的原因。此外，部分县城与主城区紧邻并在主观推动下通过"撤县设区"等方式融合为"混合"型市辖区。同时，还有部分"逆向"混合的市辖区，即城区发展较慢，部分区域划入周边县改设为乡镇。如 2023 年东北部分城市出现"撤街设镇"的现象就是该情况的体现，不过这也是因地制宜的区划调整措施，并不意味着所谓"逆城市化"的出现。二是"发展"。"混合"型市辖区之所以要"混合"，其核心目标就是推动城市区域的协同发展，提高城市治理现代化的整体性。因此，"发展"必然是该类型市辖区的核心要义，只是要根据各市辖区的"混合"情况具体界定发展的方式和进路。

"混合"发展型市辖区通常具有以下特点：一是具有较为明显的再规划性。两个或两个以上市辖区在"混合"过程中必然需要从"新市辖区"的功能角度进行再规划，以求符合城市治理及发展的现实需要。不过市辖区的"再规划"也是在保证不破坏原市辖区发展定位的基础上展开的，属于一种基于现实的发展性规划，并不是"重置"性的规划。二是注重发展格局的融合。因为"混合"发展型市辖区是对城市发展布局及市辖区建制的优化，是一种"共赢"的选择。因此，该类型市辖区非常注重发展格局的融合，无论从资源配置还是发展协同上都有较为明确的格局。三是作为城市进一步发展的重要着力点。"混合"发展型市辖区可以说是各类型市辖区中功能定位最为复杂的，这主要是因为城市"费力"地进行"混合"，是为了最大限度优化城市行政建制，为城市发展找准着力点。

"混合"发展型市辖区在未来一段时期将成为城市发展的新动力，也是很多城市"新城"的区域。对其进行合理的规划和发展，对城市治理现代化会具有非常积极的作用。

四、特殊功能型市辖区

除了上述三种类型的市辖区，我国还存在很多具有特殊功能的市辖区。因为其类别较多且数量偏少，本书将其概括为特殊功能型市辖区。其中具有代表性的有"开发区"型市辖区、"空间隔离"型市辖区、"飞地"型市辖区等。

"开发区"型市辖区并不是一个具体的市辖区的功能类型，而是对具有市辖区特征的相关开发区的一种概称。开发区是经中央政府、省级政府或部分市级政府批准的，享受国家及地方政府特定优惠政策，以促进特定产业或区域发展的各类开发区的统称，如经济技术开发区、高新技术开发区等。而根据其行政级别可划分为国家级开发区和省级开发区等。开发区的设置对于我国经济社会的发展具有非常重要的作用，但其设置类型的复杂性所造成的一些负面影响也是不可忽视的。很多开发区都希望转设为市辖区，目前明确市辖区建制的开发区为上海浦东新区和天津滨海新区。同时，全国很多地区的开发区或多或少都具有一些市辖区的特征或色彩。但是，开发区行政建制的杂糅，使得其在城市管理中的角色定位一直较为模糊，进而引发市-区之间、区-区之间的一系列问题。同时，其名称的复杂也造成城市治理中的地区识别问题。在中国特色社会主义市场经济体制逐步完善的背景下，可以预见并需要努力的是促进当前的开发区逐步进行行政调整，转成规范化的市辖区或"省辖区"。

"空间隔离"型市辖区就是指部分与主体城区之间被农村地区隔开的市辖区，因此该类型市辖区通常与所属城市主城之间间隔1到2个县。"空间间隔"型市辖区的产生在一定程度上是城市化发展的产物，具有较强的客观性。如城市周边地区在经济社会发展程度上产生差异，一些地区发展较快，进而与城市发展契合度较高，所以将其设置为市辖区。但是还有一些地区因为各类因素的影响，发展的进度不是很快，因而暂时保持原行政建制。如衡阳市的南岳区是衡阳市下辖的5个市辖区之一，其与衡阳市的主城区之间间隔了衡山县和衡阳县。"空间间隔"型市辖区大多是经济社会发展过程中自然形成的，所以对其调整也要遵循客观现实。对于该类型市辖区，对其调整应该遵循其本身的发展情况。如与该类型市辖区在发展中与城市主城区高度同质，那么在进行改革时就可以参考城市主城辖区的调整方案；若其相关发展还未达到主城充分协同融合的程度，那么就需要在一定的限度内维持其建制现状，等到城市化发展到一定程度后再作进一步规划。[1]

---

1   赵聚军：《职能导向论：市辖区建制调整的逻辑导向研究》，《行政论坛》2012年第6期。

"飞地"型市辖区是指设置在城市管辖范围之外的市辖区。[1] 该类型市辖区具有较强的主观色彩，即为完成特定任务或发展特定产业而设立的市辖区。通常"飞地"型市辖区并不一定整个市辖区都是"飞地"的性质，也会出现其下辖的街道或乡镇处于"飞地"地位的情况。"飞地"型市辖区的产生主要有以下几方面原因：一是根据城市发展的现实需要，在城市主城或邻近地区以外的辖区范围建立特定的功能区，如建立特殊产业的生产基地等，西安市的阎良区就是为满足工业发展而建设的"飞地"型市辖区。二是为了开采特定的资源而设置的一个区域，并交由特定城市管理，如承德市鹰手营子矿区等。这类"飞地"具有较为明显的"计划"特征，是因特殊需要而出现的。三是因历史发展中的区划调整而遗留的"飞地"问题。改革开放后，我国进行较多行政区划的调整与优化，在此过程中就产生了一些涉及市辖区的"飞地"，如江苏省镇江市的飞地包括江北扬州市的新民洲（共青团农场，属镇江市京口区），高桥镇（属镇江市丹徒区）等。"飞地"型市辖区的出现具有较为浓重的历史发展的色彩，但是随着经济社会的发展和行政区划设置的规范性提高，很多"飞地"都在逐步调整，以就近的原则进行调整。

值得注意的是，很多情形下"空间间隔"型市辖区和"飞地"型市辖区是相互交融的，有的市辖区及市辖区相关地区兼具了两种类型。本书为了方便对市辖区的功能类型进行界定，因此以城市发展中的"主观性"与"客观性"作为区分两者的依据。但在政府过程中，很多情况下两者具有高度的相容性。

第二节　转变市辖区的角色定位

转变市辖区的角色定位是对市辖区角色属性进行"重塑"的关键。

1　朱光磊、王雪丽：《市辖区体制改革初探》，《南开学报》（哲学社会科学版）2013 年第 4 期。

市辖区设置的初衷就是为了更好地服务城市治理。要实现这一目的，就需要对市辖区的角色定位进行转变，减少其行政建制的"刚性"，增加"分治"政区的"柔性"。转变市辖区的角色定位可以从"派出化""基层化"和"服务化"的三个角度来尝试。

一、市辖区行政角色的"派出化"

《中华人民共和国宪法》第九十五条规定，省、直辖市、县、市、市辖区、乡、民族乡、镇设立人民代表大会和人民政府。由此可见，市辖区是我国一级行政建制，也是重要的城市行政区划。从行政级别上看，除直辖市市辖区外，绝大部分市辖区与县、县级市同级，都属于我国的县级行政建制。从行政归属上看，市辖区是城市中的行政区划，是一个典型的城市行政建制，因此设置市辖区的城市的规范称呼为"设区的市"。从下辖单位来看，市辖区管理的下辖建制主要是"街道"，但也有部分市辖区会下辖少量的乡镇。从政府职责的角度来看，市辖区政府的职责范畴更多是根据所辖区域承担市级政府分配的具体治理任务，提供辖区内的基本公共服务及基础设施建设等来划定。虽然市辖区需要负责辖区内经济社会发展的规划任务，但通常不具有整体性的规划职责。同样，市辖区整体性、顶层性的决策职责也不多，多是政策执行方面的职责。综合而言，市辖区的本质是要为城市治理现代化提供区域性的支持和保障，履行城市治理事务"分治"的职责，做好城市治理决策的重要参与者和执行者。

目前，市辖区作为城市的重要行政区划及一级行政建制，在纵向上具有突出的"职责同构"特征。市辖区从机构设置、人员配置、事务范畴等方面均与市级政府高度一致，即"上下对口、左右对齐"，这就是因为职责出现了高度的"同构化"所引发的。而在横向上与其他地方政府，特别是其他类型的县级政府一样，具有高度"同构"的机构职能体系，造成市辖区的城市治理特征不突出，且行政效能受到很大影响。针对这一情况，可以尝试通过对市辖区的角色定位进行"派出化"的转型。

《中华人民共和国地方各级人民代表大会和地方各级人民政府组织法》第八十五条规定，省、自治区的人民政府在必要的时候，经国务院批准，可以设立若干派出机关。县、自治县的人民政府在必要的时候，经省、自治区、直辖市的人民政府批准，可以设立若干区公所，作为它的派出机关。市辖区、不设区的市的人民政府，经上一级人民政府批准，可以设立若干街道办事处，作为它的派出机关。这表明：一是市辖区从法理上虽然具有城市治理中的"分治"特征，但不能算作是"派出机关"，按照法律也不太可能将其改设为"派出机关"。二是市辖区可以设立"派出机关"用以满足城市基层治理现实需求，同时又不过度增加行政层级。由此明确，如果想将市辖区转型为市级政府的"派出机关"是不现实的，也是难以操作的。一方面，现行法律的规定无法实现这种设想，如果修改相关法律那就会产生其他的"联动"效应，修改成本较高，甚至"得不偿失"。另一方面，不同城市的实际情况差异较大，特别是经济发展与功能类型上存在较多不同。相应的市辖区在数量、规模、类型、级别等方面也存在较大差别。因此，对于市辖区的行政性质进行较大幅度的调整是不符合现实的。

但是这并不意味着市辖区不能进行角色定位的"派出化"转型。所谓"派出化"是指参照派出机关的机构设置、管理方式、功能界定等对市辖区体制进行相应的改造和优化，使其更加符合现代城市治理的现实需求。具体而言，市辖区角色定位的"派出化"可以从以下几个方面进行尝试：一是优化市级政府与市辖区之间的"同构化"。当前政府体系下，要想完全打破"同构"是不现实的，但是却可以从优化同构的方面来进行。"派出化"的一个重要尝试就是将市辖区的机构设置、人员配置、功能界定等不再——与市级政府完全对应，在保证"对口"的基础上，通过市级政府的统一设计，根据各市辖区的功能类型建立特定的机构职能体系，并给予市辖区更多的自主权。二是对市辖区的职责范畴进行有效区别。前文所述，不同功能类型的市辖区具有不同产业布局、发展定位及治理作用。因此，可以尝试根据市辖区的功能类型，并基于所属城市的发展情况，对其职责范畴进行"区别对待"。如对工业集中或农业为主的市辖区的职责范畴进行分类细化，使不同地区市辖区为完成特定治理任务而设置特定机构、建构专项机制等。三是对人事管理实现"派出化"调整。市级政府对于市辖区的领导任用、编制配置等人事管理制度可以参照派出机构的管理方法，增加一定的灵活性。特别是在编外人员的管理上可以通过调整释放其"能量"。

二、市辖区行政角色的"基层化"

"基层化"是提升市辖区体制综合效能的另一个重要方式。所谓市辖区"基层化"就是指通过体制改革，将市辖区改造为城市的基层行政建制，直接承担城市治理中的各类基层治理职责，进而逐步替代或融合"街道"的功能，改变目前城市"两级政府、三级管理"的治理格局。也就是说，通过体制改革将市辖区改造为城市基层事务的直接治理单位。

我国目前共有 4 个直辖市和 293 个地级市。4 个直辖市均设置市辖区，而地级市设置市辖区的为 289 个，仅有甘肃省嘉峪关市、广东省中山市和东莞市、海南省儋州市未设置市辖区。由此可见，市辖区已经成为城市的"标配"政区。而在当前设区的市中，有 57 个"单区市"，即仅设置一个市辖区的城市。这在一定程度上反映出有相当一部分城市是为了设置市辖区而设置，用以增强城市化程度。从另一个角度来看，如果"单区市"或设置市辖区较少的城市将市辖区改造为直接面对基层并承担基层治理职责的政区，从理论上说也是可行的。

对市辖区的"基层化"探索可以从以下几个方面进行：

第一，缩小市辖区的面积与规模。设置市辖区的初衷是因为城市面积规模不断扩大，无法实现有效的治理。同理，若市辖区的面积也偏大，则需要再增加街道办事处的设置，这在一定程度上与设置市辖区的初衷相悖。为了实现市辖区的"基层化"，首要任务就是尝试缩小市辖区的面积和规模。只有将市辖区的面积与规模进行适当的缩小，使其与城市管理幅度相适应，才能实现市辖区的"基层化"。当前，一些城市，特别是一些特大城市的市辖区的面积和规模超过了一个中等的地级市。造成市辖区面积和规模过大的原因主要是城市的主观性扩张，如为了提升城市化程度，达到特大城市或超大城市标准，部分城市通过"撤县设区""整区合并"等方式增设市辖区。在设置相应市辖区时，并未对其治理结构进行重构，而是沿用原行政建制作为市辖区的基础架构，这就造成市辖区的面积与规模偏大。还有一些传统"城区型"市辖区，为了适应城市扩容的现实需要，进行了区划整合，两个区直接合并为一个市辖区。从指标数据上看，这确实对城市化的提升具有作用，但从城市治理现代化来看，却并不符合其长远利益。因此，当前较为有效的一种尝试就是从面积、人口等方面进行综合考量，缩小并重构当前部分城市偏大的市辖区，适度增加市辖区的数量。这是市辖区"派出化"的一个改革思路。

第二，选择性地设置街道办事处。如果尝试用缩小市辖区面积与规模的方式推进其"基层化"，必然造成市辖区数量的增加，那将出现机构膨胀和编制扩张的问题。为了有效应对这个问题，可以采取选择性设立街道办事处的方法，用以消解市辖区增加所引起的机构编制扩张问题。街道办事处的选择性设立就是指大部分市辖区缩小后，因为管理幅度能够直接应对基层治理事务，即实现"基层化"后，就没必要设置街道办事处用以承接相应基层职责了。可以实现市辖区与社区的直接对接，通过减少一个层级而使机构编制总量保持平衡，这可以称之为"区直管社区"。早在十多年前，就有部分城市尝试过撤销街道，实行"区直管社区"的制度，如 2002 年南京市原白下区、2004 年北京市石景山区、2010 年铜陵市铜官区等。但因为多方面原因"区直管社区"的改革发生了"回潮",即复设了街道。[1] 随着城市化进程的不断推进,又有地方政府开始尝试"区直管社区"的尝试,如龙港市等。因此,此项改革是可以在总结先前经验得失的基础上再次启动并尝试推广的。目前,市辖区多下设街道。街道办事处为市辖区的派出机关,虽然不是一级政府,但却具有较为完整的基层治理功能,并承担较多的基层治理事务。因此,城市管理体制被称为"两级政府、三级管理"。《中华人民共和国地方各级人民代表大会和地方各级人民政府组织法》第八十六条规定,街道办事处在本辖区内办理派出它的人民政府交办的公共服务、公共管理、公共安全等工作,依法履行综合管理、统筹协调、应急处置和行政执法等职责,反映居民的意见和要求。由此可见,街道办事处的职责主要为基层治理任务的落实。根据现行相关法律法规的规定,市辖区体制的性质调整较为困难,因此前文提出"派出化"的观点。但作为派出机关的街道办事处则相对较容易调整,所以采取对街道办事处的调整来推动市辖区的"基层化"从法理和实践上都是可行的。

第三,细化市辖区的治理职责。要实现市辖区的"基层化",除了对其行政层级和组织结构进行适当调整外,还需要对其职责范畴进行细化。当前,我国绝大部分市辖区的职责范畴可以归纳为两大部分:一是县级政府的基本职责范畴。这类职责主要是管辖区域内的基础设施建设及维护、基本公共服务供给、社会保障、义务教育、治安稳定等。只是市辖区的这部分职责主要聚焦于城市治理范畴。二是市级政府赋予的特定的职责。市辖区是城市的"分治"政区,根据所属城市治理与发展的现实需求,市级政府会分配给各市辖区相应的任务,这些任务有的是基于特定区域建设发展的,有的是立足功能区建设的等等。因此,市辖区具备了不同于其他县级政府的一部分政府职责。这也是市辖区的特殊性的一个体现。基于此,从市辖区"基层化"的角度出发,可以对其治理

1　吴金群、陈思瑾:《"区(市)直管社区"为何大都回潮? ——兼论龙港市扁平化改革的经验》,《福建师范大学学报》(哲学社会科学版)2023 年第 2 期。

职责进行细化。细化可以从纵向和横向两个角度来进行：纵向方面主要是以县级政府的职责范畴为基础，结合市辖区的治理现实，对具体职责进行分类细化，如具体基础设施的建设、特定公共服务的供给等。横向上，厘清不同市辖区在所属城市治理中的功能定位，结合经济社会发展及城市治理的现实要求赋予其差异化的职责内容，减少职责"一刀切""一风吹"的现象。另一方面，对于市辖区政府职责的细化还需要落实到具体的事务上，使市辖区的运行更加贴近基层、服务基层、优化基层，真正实现其"基层化"改革。

三、市辖区行政角色的"服务化"

要提升市辖区体制的治理效能，实现其行政角色的"服务化"转变也是一个关键要素。前文所述，市辖区体制的行政角色要向"派出化"和"基层化"的方向转变，而达成这两个方向转变的落脚点在于进一步突出"服务化"。当前，市辖区就是辖区内公共服务供给的主体，如果实现行政角色的"派出化"和"基层化"的转变，那更加需要提升其服务性，即推动市辖区在治理理念、职责范畴、运行机制、管理方式等方面逐步从"行政化"向"服务化"转变。

第一，市辖区行政角色的"服务化"需要对治理理念进行调整。"服务化"的核心是"以人民为中心"。习近平总书记指出，"坚持以人民为中心的发展思想，体现了党的理想信念、性质宗旨、初心使命，也是对党的奋斗历程和实践经验的深刻总结。"[1] 我们的政府是在党的领导下决策及执行各项为人民服务的事务的。因此，政府行政也要树立"以人民为中心"的思想。同时，我国是人民民主专政的社会主义国家，政府的权力来自于人民，因而更应该彰显政府治理的服务性，以人民的利益至上。市辖区作为我国城市政府的重要行政建制及行政区划，必然也

1　《习近平谈治国理政》（第四卷），外文出版社 2022 年，第 53 页。

要遵循这一根本原则。基于此，市辖区行政角色的"服务化"就是要彰显以人民为中心的思想及为人民服务的治理理念。市辖区"服务化"要逐步减少行政性的特征，如官本位、权力本位的理念，明确市辖区行政的目的，减少传统的行政管控，增加现代化的治理思维，为公众提供更高质量的公共服务。市辖区在城市中与人民群众的直接接触较多，是老百姓日常生活的直接管理者。因此，按照现代治理理念，市辖区不能成为凌驾于社会之上的管制机构，而应该是供给公共服务并不断推进优化的角色。在特定的事务中，市辖区甚至可以将辖区群众定位为"顾客"，最大限度地满足顾客的要求，提供高效、优质的服务。

第二，市辖区行政角色的"服务化"需要对职责范畴进行聚焦。政府职责就是明确一级政府"应该做什么"和"应该怎么做"的问题。市辖区承担了常规行政管理、特殊行政管制及公共服务供给等多范畴的职责，要推进市辖区的"服务化"转变就必须要对其职责范畴进行调整聚焦。从政府理论的角度来看，政府需要从职责上与市场、社会划清边界，不应该由政府直接管理或直接干预的事务就不能纳入到政府职责的范畴中。"服务化"要求政府是"有限"的，这个"有限"本质上就是政府职责的有限。市辖区及其政府要基于"服务"的职责定位来聚焦职责范畴，将其职责范畴划定为基础教育、基本医疗、公共卫生、环境保护、公共事业及基本社会保障层面。而很多规划性、设计性及统筹性的职责则应该由市级政府承担。但值得注意的是，市辖区的"服务化"并不是让市辖区完全退出治理设计及决策的议程，同时市辖区作为城市发展的参与执行主体之一，也无法独立于治理议程。因此，市辖区也要参与到城市治理的各项程序中，其聚焦的只是职责范畴。

第三，市辖区行政角色的"服务化"需要优化运行方式。政府常规的运行方式有较为明显的"管制"色彩，即多从管理、控制的角度出发，甚至以较为单一化的"命令"的方式主导社会。从政府原理层面出发，这是政府本质属性及职能的一种呈现。但如果放置到城市治理，特别是基层治理的层面上则过于粗糙了。通常，基层政府更需要突出"服务性"，而市辖区作为这一层面的行政管理主体就需要调整运行方式。一方面，市辖区要提升公众参与的程度，如拓宽公众参与公共服务类事务的渠道，使公众充分参与到具体的决策过程中来，充分吸纳公众的意见，甚至一些涉及民众直接利益的问题要经过民主程序。另一方面，在行政管理及提供公共服务的同时，市辖区要依据法律法规的各项规定和要求，推进法治化建设，最大限度地消弭"长官意志"，落实依法行政。

第四，市辖区行政角色的"服务化"也需要革新管理方式。市辖区作为政府体系中的一级行政建制和城市治理中的行政区划，其必然具有较为明显的传统管理方式，如审批项目偏多、行政效率不高、机构编制膨胀等常规问题，也有权责资源不平衡、行政管理权限不独立等特殊问题。市辖区行政角色的"服务化"就要对管理方式进行革新，如通过行政改革优化审批流程，引入先进的管理方式提升行政效率等。同时，也可以根据城市管理的现实需要对机构设置、编制管理、职能优化等进行特殊化调整。市辖区管理方式的革新是其他"服务化"措施的实现条件，其本质就是要贯彻"以人民为中心"的理念，落实为人民服务的宗旨，最大限度地提升城市治理中的服务化要求。

第三节　调整市辖区的机构体系

机构是职责的载体，行政决策需要通过机构体系贯彻执行。可以说，机构体系的属性与特征反映出行政单位的基本样态。因此，机构体系的调整对于市辖区角色属性的重塑具有重要的作用。

一、优化机构体系的"职责同构"

"职责同构"是我国纵向政府关系的重要特征，其最为核心的表现就是纵向政府机构设置呈现"上下对口、左右对齐"的现象。市辖区作为我国政府体系的重要部分，也必然具有该特征，即在机构设置上与所属城市保持高度的一致。"职责同构"现象并非人为设计，而是我国政府体系顶层设计及现实发展的自然衍生。[1]"职责同构"的长期存在是具有必然性的：首先，政府体制的制度内生性是"职责同构"产生的基础。我国政府体系具有自上而下的领导关系，下级政府接受上级政府的领导，各级地方政府均接受中央政府的领导。这一体制性关系在《宪法》和《地方各级人民代表大会和地方各级人民政府组织法》等法律法规层面都得到规范化的确定。其次，政府间的关联性是"职责同构"的存在条件。与西方某些国家中央政府与州政府、地方政府间相对独立的情况不同，我国政府间具有较强的关联性，如中央到地方的各级政府都存在"决策-执行""集中-放权""统筹-自主"的运行关系。这种关联性保证了各级政府间的关系形态，这正是"职责同构"得以存在的条件。最后，治理回应性是"职责同构"存续的要素。"职责同构"模式不仅使中央到地方的各级政府在纵向上充分贯通，也使政府治理的"触角"深入到基层政府中，有效增强基层治理的回应性。当前基层政府的治理呈现出党政"双重嵌套"的整合型结构[2]，这使纵向政府间"同构"更加具有整体性，信息传递及反馈的渠道更加通畅，大大提升了信息传递效率。基于此，可以确定"职责同构"是内嵌于我国政府体系及运行机制之中的，所以无法通过"打破"的方式来调整"职责同构"，而是只能用特定方式进行"优化"。[3]

市辖区作为我国政府体系和行政区划中的重要组成部分，其必然也囿于"职责同构"之中。因此，对市辖区机构体系进行调整也需要基于"职责同构"的基本框架，以整体性优化的方式推进。具体而言：一方

---

1 邱实：《同构视阈下的异构治理：市辖区体制的优化进路》，《深圳社会科学》2022 年第 2 期。

2 吴晓林：《党组政治研究："双重嵌套"的政治整合结构》，《探索》2016 年第 3 期。

3 邱实：《同构视阈下的政府职责体系构建：理念转向、支撑条件与路径探索》，《南开学报》（哲学社会科学版）2021 年第 6 期。

面可以尝试基于市辖区功能类型设计机构体系。前文所述，无论是当前的现实，还是未来对市辖区角色属性的进一步界定，都要根据功能类型的方式来分类市辖区。因此，可以基于市辖区的功能类型来设计其机构体系，进而实现优化"职责同构"的目标。具体来说，在遵循党政机构设置统一性的基本要求下，对具体的职能性机构进行区别化的设置：如城区治理型市辖区要更加突出公共服务和城市基础设施建设的职能，因此可以设置偏向于城市管理的职能部门。而外部拓展型市辖区则更加聚焦城市化发展方面的问题，因此相关的职能性机构设置要倾向于该方面。而有诸如混合发展型市辖区要设置服务于城乡一体化的相关机构。另一方面，可以基于市辖区的角色定位调整机构体系。优化市辖区机构体系的"职责同构"还可以从角色定位角度出发。若市辖区的定位主要是工业发展，那相应的职能性机构设置要以服务工业发展及其配套环境的建设扶持为核心。若市辖区科技文化发展为定位，那相关职能性机构的设置则要倾向于人才引进、科技扶持、文化建设等。这种调整思路能够在不完全"打破"现有同构性机构体系的基础上，最大限度地实现依据职责的具化治理。值得注意的是，无论是基于何种视角的市辖区机构体系设计，都要纳入城市规划及治理的总体框架之中，使其成为推动城市整体发展的重要部分。

二、推进机构"大部门化"改革

当前大部分市辖区的机构体系都与市级政府保持高度一致，无论市辖区的规模大小、何种类型都具有较为同构化的机构体系。这种不加区分的"模板化"的机构设置方式容易造成机构膨胀等现实问题，不仅增加了行政成本，也使城市治理的行政效率降低。因为市辖区在城市治理中的职责主要是执行市级政府的各项决策，并服务基层治理的各项需要。所以，可以尝试推进市辖区机构的"大部门化"改革，使其职责更加聚焦，在抑制机构膨胀的基础上实现行政效率的提升。具体而言，可以尝试从以下几个方面推进市辖区机构的"大部门化"：

一是"重职责轻行业"的大部门体制优化导向。市辖区的职责较为聚焦，即完成市级政府的分治任务，并提供辖区内的公共服务保障。所以，市辖区机构的"大部门化"实际上就是将相关职责理念嵌入大部门体制改革的框架之中，尝试将原以职能为视角认为不是同一类的机构，依据职责进行外部形态及内设机构的整合。如在必设机构的基础上，市辖区机构依据其需要履行的政府职责进行设置，尝试跳出与市级政府机构体系"同构"的窠臼。

二是"宽职责少部门"的综合性政府机构设置。市辖区机构"大部门化"的目标之一就是精简机构，抑制机构过度膨胀，提升行政效率，降低行政成本。因此可以基于机构精简合并的基础，探索"拉宽"政府机构的职责范畴，将政府过程中具相近职责的机构进行整合，甚至尝试将具有密切事务性职责关系但分属不同行政领域的机构也进行整合，跳出原有机构依行业或事务分类设置的定势思维，设置综合性政府机构，并探究如何在保证机构规模合理的基础上有效实现行政效能的提升和行政成本的减少。

三是"定职责少交叉"的部门内设机构整合。过去地方政府大部门体制改革中较为常见的一个问题就是重组后"大部门"的内设机构出现了简单的"叠加式"或"拼接式"整合，造成内设机构规模偏大、设置重叠、人员编制膨胀等问题。市辖区的行政级别不高，行政体量较小，因此特别要注意规避这种情况的发生。所以，可以尝试在"三定"基础上，突出职责定位的首要性，并将其作为整合要素合理配置到各内设机构上，减少职责交叉及机构设置重叠的现象。同时，尝试在明确职责履行的条件下合理分配编制，实现政府机构规模的有效控制，消除因人员编制及分流问题而造成的为安排相应编制而被动地多设置机构，进而使内设机构职责分散和行政有效性下降的现象。

四是"理顺纵向、协调横向"的政府机构关系优化。中国政府组织体系具有条块特征，其映射到政府机构体系上就形成了纵向对口与横向协作的网络化关系。市辖区机构的"大部门化"需要从理顺纵向机构关系和协调横向部门关系的角度入手，尝试如何通过大部门的体制性优化来弱化"职责同构"现象，使原有与市级政府机构关系从单一的"一对一"形态逐步转变为依据职责的"一对多"或"多对多"形态，构建全新的纵向机构关系。同时，实现横向机构职责协调，建立职责划分明确、职责主次清晰、职责关系协同的机构横向关系，拓展政府机构"大部门"的协同有效性。

五是"大部门"的统一性与自主性兼容机制。从中央到地方各级政府的机构设置结构都大致相同，但中央到地方及不同地区之间都存在较大的差异。在市辖区机构的"大部门化"改革中，从职责细化的视角出发，合理分析大部门体制优化中的统一性与自主性问题。改革过程中要注重市辖区机构整合与市级政府机构设置的基本统一性，因为市辖区毕竟是市级政府的下级行政单位及组成部分，所以市辖区的机构要在基本框架上与市级政府保持一致。同时，因为市级政府的职责范畴与市辖区存在较大差异，从城市治理的角度来看，市级政府多负责城市治理及发展中的决策与规划问题，而市辖区政府则多负责执行，所以必然要在"大部门化"的过程中实现市辖区机构设置与调整的自主性。

三、编制管理的异构化调整

编制管理是我国政府治理的重要制度，其贯穿于我国政府体系之中。编制管理与机构设置一样，也囿于"职责同构"的框架中。因此，市辖区在编制管理方面可以尝试通过"异构"化的调整来实现创新。

一是确立编制管理的调整导向。市辖区要实现"自身重塑"是无法绕过编制管理这一重要环节的，如果编制管理不到位，那其他方面的改革调整措施都无法有效落实。市辖区编制管理改革具体导向为"异构化"，即根据市辖区的功能定位、行政角色、治理需求等形成差异化的编制管理体制。但这不代表市辖区的编制管理完全独立，其仍要遵循中央及省级政府关于编制管理的基本原则和要求，同时也要纳入到所属市级政府的编制管理体系中。只是在编制管理的具体方式上可以遵循市辖区的特殊要求来进行调整。具体而言，市辖区编制管理的"异构化"就是在中央及省级政府编制管理的规范下，以市级政府编制管理为框架，探索"同构"体制下符合其自身治理与发展需要的"异构"管理方法。

二是编制管理方式调整的理论支撑。建构理论支撑是推进市辖区编制管理"异构化"调整的先决条件。政府职责是机构编制的依据，因此理论支撑主要围绕市辖区的职责体系建构。首先要明确市辖区在纵向政府职责体系及城市治理中的职责定位。界定市辖区"应该做什么"的问题，并基于编制管理的准则进行职责定位。其次要明晰市辖区政府各部门在横向政府职责体系中的职责划分；明晰市辖区各项治理职责"应该由谁做"的问题，对所需编制进行职责化划分；再次要制定市辖区的职责清单并核定编制总需求；制定细化的职责清单并核定编制总需求，根据"三定"方案进行"差别化"的配置，框定编制需求总量。最后要根据具体单位的职责范畴与编制需求进行对接，实现编制配置的合理化。

三是编制管理方式调整的实践进路。根据政府职责体系的理论框架及市辖区职责清单，编制管理"异构化"调整的基础是赋予市辖区一定的编制管理自主权，并建立一套由市辖区运行的编制管理实践进路。具体而言：第一，细化类别。对编外人员类别进行细化，根据市辖区治理的现实需要对现有编内人员作进一步的职责性细化，用以明确编制人员的职责属性，消弭统而论之的问题。第二，核定额度。根据市辖区治理事务评估编制总额，在总额范围内各部门上报编制需求并阐明依据，经汇总后根据职责清单及编制类别核定额度，最后公开招聘任用。第三，尊重需求。不同类型的市辖区面临不同类别的事务，要具体问题具体分析，给予不同市辖区差异化的编制配额，并允许其在各部门中进行自主化的调配。第四，市场转型。尝试以市场化的手段，通过诸如政府购买公共服务的方式填补基层政府工勤类、协理类等岗位，优化编制结构，精简编制总额，提高行政效率。第五，建立编制管理效能评估机制。上级政府设立非常设的专项评估小组，用以对市辖区编制管理全过程进行抽检及评估。同时，建立编制管理评估指标体系，将评估标准量化，实现评估的科学、合理、规范，并将量化评估结果。对评估中出现的问题及整改措施进行有效反馈，使评估手段能够切实作用于编制管理。

值得注意的是，市辖区处于较为基层的行政层级，且常规职责多聚焦于基层治理。基层治理中常规事务和非常规事务并存，即除了日常行政管理事务外，还存在大量的特定的任务化的事务。非常规化的事务具有较大的不确定性，通常具有"运动性"特点。因此，市辖区不可避免地出现因治理压力而招聘编外人员的情况。基层政府是编外人员管理问题较多的场域，如编外管理混乱、混编混岗突出、编外无序扩张等。虽然编外人员不属于编制管理范畴，但其作为一种"类体制身份"[1] 在基层治理中发挥了重要的作用。所以，市辖区的编外管理也将是一个无法绕过的现实问题。从当前市辖区管理及基层治理的现实来看，编外人员管理应该持"编外管理编制化"的方式，即以编制管理的方式实现编外人员管理的规范化，并逐步将其纳入到编制管理的大框架之中，形成编制管理的"双线并行"。因为基层政府编外人员管理并不是市辖区体制改革的核心问题，本书在此不作赘述。

1　陈昌军：《类体制身份：作为基层政府建构自主性的意外结果——以上海市奉城镇政府为例》，《中国农村观察》2020 年第 3 期。

第五章　应为之责：优化市辖区职责配置

党的二十大报告明确提出"优化政府职责体系和组织结构，推进机构、职能、权限、程序、责任法定化"，这表明政府职责是行政管理体制改革的重要"抓手"。市辖区作为我国重要行政建制和城市治理的重要区划，其也必然需要对职责进行优化，明确"应为之责"，提升治理效能。

第一节　构建市辖区政府职责体系

优化市辖区的职责配置，首先需要明确城市治理现代化大背景下市辖区到底"应该做什么"，即明确市辖区的总体职责。其后，进一步厘清市辖区职责具体"应该由谁做"，即对市辖区的职责进行细化分类。基于此，根据市辖区在纵向行政层级上的职责定位和横向机构体系中的职责细化，构建市辖区政府职责体系，用以作为优化市辖区职责配置的基础框架和前置条件。

一、政府职责与政府职责体系

政府职责是对政府职能的细化，其本质就是明确政府应该做什么。政府职责进入我国学术界及实务界视野的时间并不长，其大致经历了

"国家职能-政府职能-政府职责"的认识发展过程。在新中国成立后至改革开放初期，我国长期使用"国家职能"这一概念，如将其分为国家的对外职能和对内职能。其中，国家的对内职能涵盖了政府行政的所有范畴。但是随着改革开放的推进，"国家职能"的概念已经不能满足政府行政管理体制改革的现实需要。"国家职能"具有较为明显的"阶级性"特征，而政府在现实中除了完成阶级任务，也需要履行社会管理事务的责任，具有"社会性"的特征。因此，20 世纪 80 年代，我国理论界开始对国家的"二重本质"问题进行探讨，并尝试逐步细化"国家职能"的概念。20 世纪 80 年代末到 90 年代初，在对外开放及经济社会发展的大背景下，一些国外政治学与行政学的相关理论被引入我国学界，对政府"应该做什么"的问题开始进行广泛讨论。1984 年，《中共中央关于经济体制改革的决定》中就有对政府管理经济职能的相关论述。1986 年，《关于第七个五年计划的报告》中提出"政府机构管理经济的职能转变"，第一次将"政府职能"的概念引入我国政府治理的理论与实践。此后，"政府职能"及"政府职能转变"的概念被广泛运用于学界与实务界。

随着国家治理现代化的不断推进，政府治理的范畴在日益拓展的同时也愈加深化。"政府职能"的概念也逐步显得宽泛，有时不能准确定位不同层级政府及不同机构之间的责任。因此，需要对政府职能进行细化，并提出"政府职责"的概念。通过将政府职能分解为政府功能和政府职责，其中政府功能主要是指依托国家权力，为履行其社会角色而对各种重要的社会关系进行调控的活动。[1] 如处理公平与效率的关系、集中与分权的关系、整体与部分的关系等，都属于政府功能的范畴。而政府职责是政府职能中较为"实在"的一部分，其主要就是明确政府"应该做什么"和"应该由谁做"的问题。政府职责主要具有以下特征：一是政府职责更加倾向并聚焦于管理的问题。政府职责是对政府职能的细

1　朱光磊主编：《现代政府理论》，高等教育出版社 2006 年，第 75 页。

化，其主要作用是使各级政府"应该做哪些事情"得到更加清晰的呈现。因此，更加聚焦于政府具体的行政事务及相应责任，必然具有更强的治理性和管理性。二是政府职责的主观性色彩较强。政府职责是政府根据经济社会发展的现实需要而制定的政府行政的内容和目标。因此，"一个政府在选择其政府职责时，在做不做、做多少、怎么做、由哪个层次上的政府去做等问题上，是有一定灵活性的。"[1] 三是不同国家的政府职责差异较大。由于不同国家的政权形式、政党理念、领导人执政思路、政府行政风格等差异较大，对政府职责范畴的划定及现实配置具有较大的影响。四是行政管理体制改革及政府职能转变的关键在于政府职责调整。从一定意义上说，政府职能转变的本质就是对政府职责进行调整。当今世界，从历史发展的向度来看，没有哪一个国家的政府职能是一成不变的，都是随着现实发展的需要不断调整政府职能。特别是现代国家，政府职能的动态化调适是政府发展的重要内容。而作为政府"应该做什么"的问题就成为转变政府职能的核心。五是政府职责具有较强的体系性。政府职责本质上是一种行政事务的"工作分工"，那么不同层级、不同部门的政府就具有同一属性下不同类型的职责。因此，政府职责就会基于特定的向度形成固有的体系，即政府职责体系。政府职责体系是政府职责在政府过程中的系统化呈现，其规制并引导政府的行政过程。

政府职责体系是指在一个国家范围内，政府和政府部门所承载的所有职责，按照服务于一定的政治、经济和社会关系的原则，遵照宪法和法律的规定，按照国家总体与部分之间的内在逻辑关系，为实现国家机构重要要素间的相互制约关系和便利政府运行而组成的有机整体。[2] 根据政府职责的属性，特别是政府职责的体系性，可以依据纵向与横向两个向度来描述我国的政府职责体系。纵向政府职责体系依托行政层级建

---

1   朱光磊主编：《现代政府理论》，高等教育出版社 2006 年，第 93 页。
2   朱光磊、杨智雄：《职责序构：中国政府职责体系的一种演进形态》，《学术界》2020 年第 5 期。

构，而横向政府职责体系则依托机构部门建构的。纵向和横向的政府职责体系寓于我国政府的条块结构和动态的政府过程之中。

纵向政府职责体系以行政层级为基础，即明确不同层级政府"应该做什么"，并形成规范的体系结构和运行机制。纵向政府职责体系明确了各级政府的职责范畴及承担主体。目前我国的政府体系呈现为五级结构，因此纵向政府职责体系主要呈现为：中央政府承担国家治理与经济社会发展顶层设计的职责，重大治理事务的统一决策及执行程序，并对各级地方政府的执行实施监督等。省级政府作为最高层级的地方政府，主要承担中央统一要求下制定所辖区域的经济社会发展规划的职责，负责辖区的常规治理性事务及完成中央交办的其他各项行政任务。同时，省级政府也具有对其下辖各级地方政府在政策执行方面的监督职责。值得注意的是，因为我国行政区划的特殊性及行政级别的设定，直辖市也被纳入到省级行政建制的范畴中（通常直辖市的行政级别略高于其他省级行政建制）。但是直辖市从本质上来说，毕竟是一个城市，其具体的职责与其他类型的省级政府具有一定的差异，具有城市治理的明显特征。因此，直辖市的市辖区职责范畴及体系优化与其他市辖区也存在一定差异。市级政府主要是指地级行政建制，其职责主要是承接中央政府与省级政府的行政任务，同时根据中央及省级政府的规划制定本辖区经济社会发展及各项治理事务的执行细则。同时，市级政府还具有"联通"省级政府与县级政府、基层政府之间的作用，承担行政任务上呈下达的职责。县级政府主要是负责履行行政执行类的职责，即完成上级政府的具体任务，并组织供给辖区内基础设施建设及公共服务供给。市辖区的各项职责通常就属于县级政府的职责范畴。基层政府是我国政府体系中最低层级的一级政府，主要是指乡镇政府。在当前城市治理的现实过程中，虽然街道办事处不是一级政府，但也承担了部分基层政府的功能和职责。基层政府主要是承担直接面向人民群众的各类职责，如基础公共服务和公共产品供给、基本社会保障、社区治理事务等。当前，我国政府职责中的相当部分，在纵向行政层级中经过"层层分解"最终都由县级政府和基层政府承担。

横向政府职责体系以机构部门划分的形式呈现，其主要是明确具体的职责应该由某一层级政府中的"谁"来承担的问题。横向政府职责体系的建构首先依赖于政府职责的类型划分。从政府理论的角度出发，可以将政府职责划分为本源型职责、发展型职责和赋转型职责。本源型职责主要是指随着政府的产生而产生的"原始"职责，其在一定程度上也可以理解为是政府产生的原因。如公共安全维护、对外联系交往等都是本源型职责。本源型职责具有较强的专属性，即该类职责职能由政府设置相应机构来履行，其他类型的组织及团体无法履行。发展型职责主要是指为了适应经济社会发展的现实需要而逐步衍生出的各类职责，如交通建设、卫生健康、社会保障、网络安全等。发展型职责具有较强的可分配性，即从中央到基层政府的各级政府都具有大致相同的发展型职责，这也是职责"同构性"的体现。只是从政府服务对象和具体职责内容范畴上有所差别，每一次政府基于其行政层级而界定职责范畴。发展型职责是不断变化发展的，有一些职责会随着经济社会发展产生，也有部分职责会随着经济社会发展而消失。如网络安全就是一个典型的发展型职责，同样计划经济中的部分职责的调整取消也是发展型职责的体现。赋转型职责是指可以通过赋权或转移的方式将部分职责交由社会组织等其他主体履行的职责。随着经济社会的发展，特别是城市治理现代化进程中，政府承担的职责不仅总量增加且不断细化。因此，不少职责可以通过赋转给社会组织的方法来履行，如政府购买公共服务就是这一职责类型的体现。赋转型职责并不意味着政府不需要承担，而是要将注意力集中到监督履行层面上来。基于政府职责的类型划分，为履行不同的职责就可以设置相应的机构，并根据职责的调整而进行机构改革。[1]为了顺应政府职责履行的现实需要及其分类特征，我国政府机构大致可

---

[1]　参见邱实：《同构视阈下的政府职责体系构建——理念转向、支撑条件与路径探索》，《南开学报》（哲学社会科学版）2021 年第 6 期。

以划分为职能性机构、直属性机构、办事性机构和议事协调性机构，各类机构对应相应职责，共同履行各级政府横向职责。机构是职责的载体，因此相应机构的设置本质上就是横向政府职责体系的呈现。周期化的机构改革在一定程度上也是为了适应横向政府职责体系优化的现实需要。

基于此，可以明确我国政府职责体系是纵向行政层级和横向机构部门的职责综合。纵向政府职责体系是依托行政层级而形成的各级政府的职责集合，在条块结构中各治理层级上下对口的职能部门形成的属事管理的"条"，与纵向政府职责体系的职责互嵌；横向政府职责体系是依托机构部门所形成的各职能部门的职责集合，在条块结构中与各级（政府）治理主体所形成的属地管理的"块"职责互嵌。然而，当前政府职责体系与我国政府条块结构间呈现出一种"反向互嵌"的关系。所谓反向互嵌是指纵向政府职责体系和横向政府职责体系与政府条块结构交叉嵌套，即依托行政层级的纵向政府职责体系与属地管理的地方政府"块"同依托机构部门的横向政府职责体系与属事管理的职能部门"条"形成"反向互嵌"。[1]

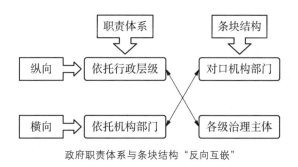

政府职责体系与条块结构"反向互嵌"

二、市辖区政府职责体系的构建

市辖区作为我国重要的一级行政建制，其也必然蕴含于政府职责体

1　邱实：《职责聚合：基层治理中条块协同的优化创新》，《理论月刊》2022年第12期。

系之中。那要实现市辖区职责配置的优化，就需要建构市辖区政府职责体系。一方面，政府是行政管理的主体，任何一级行政建制都必须具有明确的政府职责。另一方面，市辖区作为一级行政建制及城市行政区划，其职责体系的建构需要融入到城市治理的框架之中。市辖区政府职责体系就是在城市治理现代化的背景下，明确市辖区在纵向政府层级中应该履行哪些职责，根据相关职责确定其机构部门如何设置及在条块结构中职责体系如何运行等。

市辖区政府职责体系的建构可以从纵向和横向两个层面进行：

从纵向向度来看，市辖区的政府职责主要可以划分为两类：一类是与其他县级行政建制类似的政府职责，如承接上级政府交代的各项任务性职责，承担本行政区内基础设施建设及功能区规划，提供辖区内的基础公共服务与公共产品，监督乡镇等基层政府的各项行政措施与政策执行情况。另一类是作为城市治理重要参与主体的职责，如城市治理中协同参与、城市治理风险防控、城市精细化管理等方面的职责。虽然从一定程度上说，县级政府也具有类似职责，但如果放置到城市"分治"型政区的视角下，市辖区的相应政府职责就具有较为鲜明的特色。基于此，市辖区的政府职责在职责体系中大致处于一个"上下承接"的地位。"上承"主要通过两个方面呈现：一是无论作为县级行政建制（直辖市通常为地级行政建制）还是城市治理的"分治"型政区，市辖区都需要承接市级政府的行政性任务。这类任务有一部分是常规属性的，即市级政府分解给其所辖或代管的县级政府的各类管理性事务。还有一部分是城市治理中需要由市辖区承担的治理性任务。两个类别的任务共同构成市辖区的"上承"职责。二是作为城市的重要行政区划，市辖区必须承担所属城市治理所需的现实职责。如所属城市会根据其在旅游、文化、科技等方面的发展定位及功能区划定而赋予市辖区特定的治理职责。同时，还有一部分职责具有突发性和临时性，如发生突发事件，市级政府会根据属地管理或协同治理的现实情况要求市辖区承担一定的应对职责。"下接"主要是指安排及指导基层政府的治理事务，并对其执行情况进行监督。市辖区"下接"的基层政府包括乡镇与从理论上说并不属于一级政府的"街道"。但是，从现实情况来看，"街道"虽然是市辖区的派出机关，但其实际承担了相当多的基层政府职责。因此，可以将"街道"视同基层政府并纳入到职责体系之中。市辖区的"下接"职责非常重要。当前我国城市化程度很高，并且出现较多超大城市与特大城市，城市治理事务不断增加，同时城市风险防控的压力也在不断增加。因此，大量的城市治理工作就交由各市辖区来完成。而当前市辖区所面临的压力也非常大，因此其又将职责分解到派出机关——"街道"，形成了一个"市辖区-街道"的纵向治理"链"。当然，目前还是有不少市辖区下辖乡镇的，但这并不影响市辖区纵向政府职责体系的基本架构。

从横向向度来看，市辖区政府职责主要依靠相应机构承载，并由其各自履行的职责共同构成横向的职责体系。当前，我国市辖区机构设置与职责划分依然具有较为明显的"职责同构"特征，即市辖区的机构设置多与市级政府"对口"，自主设置的机构并不是很多。这种"同构"的形成主要受两方面因素的影响：一是政府体系的整体结构。我国的政府体系是中央纵向贯通到基层，有利于政令的传达与执行的顺畅。但同时也造成"职责同构"现象，即机构设置的"上下对口、左右对齐"。市辖区作为我国县级行政建制，必然蕴于这种同构化的政府体系之中，因此其机构也必然寓于"职责同构"的窠臼中。二是市辖区在城市治理中的特殊定位。因为市辖区设置的初衷是为了更好地实现城市治理，所以城市政府肯定更希望通过设置"对口"的机构来加强治理的控制性及有效性。基于此，市辖区的机构设置则必然与所属城市政府的机构设置高度"同构"。为了更好地适应新时代城市治理现代化的发展需要，市辖区体制要在优化同构的基础上进行"横向异构"的改革尝试。具体而言，不同城市的不同市辖区实际承担的治理职责具有较大差异，可以尝试纵向上在保证必设机构"同构"的基础上，适当赋予市辖区一定机构设置的自主权。如偏向于文化旅游的市辖区可以细化文旅部门，而偏重工业发展的市辖区则可以在相应机构上进行特殊设置。同时，市辖区承担城市精细化治理及较多基层治理事务，因此可以根据实际情况赋予其更多的编制资源及管理自主权，使其能够充分履行相应的治理职责。由于市辖区主要负责属地的公共服务供给职责，因此服务性岗位要多于管理及决策型岗位，但是为了防止市辖区出现机构编制膨胀的问题，可以以"编外"的方式增加其编制管理的灵活性。不过这需要在编制管理单位统一规划和监督下予以执行，防止出现机构"编外扩张"现象的发生。

第二节　新时代市辖区职责配置的基本原则

优化市辖区职责配置除了要建构科学合理的职责体系，还要遵循诸多基本原则。党的十八大后，中国特色社会主义进入新时代，城市治理也在新时代新发展的大趋势下逐步进入现代化阶段。市辖区职责配置优化的基本原则也被赋予了新时代的内涵，即树立以人民为中心的理念，持续推进职责法定化，在精简、统一、效能的基础上深化分层治理。

一、"以人民为中心"原则

我国是人民民主专政的社会主义国家，人民是国家的主人，在中国共产党的领导下当家作主，这是区别于历史上任何时期及资本主义国家的本质特征。习近平总书记指出，"中国共产党根基在人民，血脉在人民。坚持以人民为中心的发展思想，体现了党的理想信念、性质宗旨、初心使命，也是对党的奋斗历程和实践经验的深刻总结。自成立以来，我们党团结带领人民进行革命、建设、改革，根本目的就是为了让人民过上好日子，无论面临多大挑战和压力，无论付出多大牺牲和代价，这一点都始终不渝、毫不动摇。坚持以人民为中心的发展思想，不是一句空洞口号，必须落实到各项决策部署和实际工作之中。"[1] 因此，"以人民为中心"是我国国家治理与政府行政的核心要旨，新时代市辖区体制改革也必然要遵循以"以人民为中心"的原则。市辖区的职责配置是市辖区体制改革的重点，因为市辖区所处的行政层级与其所履行的行政角色，使其职责范畴的划定及具体配置直接关系到能否满足城市治理的现实需要及为城市居民提供高质量的公共服务。所以，将"以人民为中心"作为新时代市辖区职责配置的基本原则既是我国城市治理现代化的属性要求，也是城市行政体制改革的必然目标。

"以人民为中心"在市辖区职责配置中主要呈现为：一是将管理理念转化为服务理念。市辖区是城市治理的执行主体，其直接面向广大人民群众，其主要职责就是为广大人民群众提供各项公共服务及公共产品。"以人民为中心"原则就是要将原有的行政管理中的管理理念逐步转化为服务理念，将市辖区体制改革纳入到职责服务化的轨道中，使市辖区在公共服务供给的决策与执行中都能够以人民群众的需求为主。二是增加人民群众的监督性。市辖区作为服务广大人民群众的行政单元，就必然需要接受人民的监督，保证其职责履行的人民性，使其保持始终以人民为中心的初心和理念。这就需要通过各种途径，使市辖区的政府过程更加透明化，拓展人民群众监督的渠道和路径，实现对市辖区服务理念和行政行为的约束性监督。三是将人民群众的诉求作为职责设定及调整的基础。人民群众的诉求就是政府，特别是基层政府履职的导向。市辖区作为城市治理的基层单位，其职责界定必然需要与人民群众的诉求高度契合，实现城市治理符合人民群众对美好生活的追求。

二、职责法定化原则

职责法定化就是要以法律的形式对政府职责进行明确和固定，并保

1　《习近平谈治国理政》（第四卷），外文出版社 2022 年，第 53 页。

障职责履行的有效性。从市辖区的角度来看，职责法定化就是要以法律的形式准确界定市辖区的政府职责范畴及履行主体，并明确如何保障政府职责的有效履行。职责法定化原则可以将依法治国、依法行政充分融入到市辖区的运行过程中，使市辖区的职责界定、细化、履行等有法可依、有章可循。市辖区职责法定化原则应该包含以下几个要点：一是坚持《地方各级人民代表大会和地方各级人民政府组织法》等法律法规中的相关规定，将地方政府的职责要求完全落实，实现依法履责，并用以明确市辖区的设立、组成、责任、功能、权限、变更等。二是尝试制定较为独立且更加细致的《地方政府组织法》，并在其中对市辖区的政府职责进行更加明确的界定，使其成为指导市辖区职责履行的重要法律准则。如果条件允许，甚至可以尝试制定并出台专门的《市辖区组织法》或《市辖区政府组织法》等相关法律法规，顺应城市治理现代化的现实需求。三是以法定职责明确市辖区的权限，保证其独立行使法律赋予的各项权利，履行相应义务，不受其他机关的干预和影响。同时，对于干预、破坏市辖区职责履行独立性的行为进行追责和处罚，切实保证市辖区职责体系的独立性。

从市辖区体制的角度出发，职责法定化的作用可以呈现在以下具体方面：一是通过法定职责明确市辖区的治理任务。治理任务是政府职责的体现，通过职责法定化可以进一步明确市辖区的治理任务。如以法律的形式确定服务性职责，进而明确市辖区需提供城市中的基础公共服务，实现公共服务供给效能的提升。二是基于法定职责推动市辖区政府职能转变。政府职能转变是政府对于经济社会发展现实需要的回应，是一个动态的过程。政府职责是一个相对固定化的范畴，"法定化"可以有效将这种固定性的政府职责与动态化的转变回应相结合。一方面使政府能够有效顺应职能转变的现实要求，另一方面也能够将职能转变纳入到规范化的职责体系之中。三是根据法定职责强化市辖区的职责适配。当前我国的相关法律对于地方政府有着较为明确的规定，但是总体规定过于"粗线条"化，特别是在县级政府的职责配置问题方面较为明显。

如目前主要对县级政府的职责配置进行了概述，但是对于县、县级市、市辖区等各类型县级行政建制在职责配置方面具体进行何种差异化配置，并没有明确而具化的规定。通过职责法定化可以有效细化不同层级和不同类型地方政府的职责配置，特别是对于市辖区这种兼具城市治理单位与县级行政建制双重特征的行政区划更加具有重要的意义。

三、精简、统一、效能原则

精简、统一、效能原则是党和国家机构改革的重要原则。长期以来，历次机构改革和编制管理优化都反复强调并始终坚持精简、统一、效能的原则。因为受到"职责同构"的影响，我国地方政府机构规模偏大，人员数量较多，职责交叉、条块交叠现象明显，引发诸如财政压力过大、治理效率偏低等问题。同时，地方保护主义和部门权力主义等问题也使各地方政府在特定的行业上发生了分割与封锁，造成地方间市场整体性的降低，影响地方协同发展。市辖区既是链接基层与上级政府的重要行政枢纽，又是城市治理的重要行政单位，兼具多重的行政角色与治理属性。因此，市辖区也存在"职责同构"下机构设置结构不合理、职责交叉重叠等问题，同时也出现了地区本位主义和保护主义的现象。为了推进市辖区行政效率和治理效能的有效提升，使其充分满足新时代中国特色社会主义的建设要求，在其职责配置上也必须要坚持精简、统一、效能的原则。

市辖区职责配置中精简、统一、效能原则的总体目标主要为实现市辖区政府治理的权责一致及权责协调，即合理划分事权并匹配治理权限，理顺纵向的市-区关系，协调横向的区-区关系，优化部门职责分工与条块关系，减少职责重叠、职责推诿及职责"真空"等问题，最大限度地优化市辖区政府的机构职能体系。具体而言，"精简"主要是指依法依规设置符合市辖区职责需要的机构，严格控制机构编制，依托"三定"方案保证机构编制之间的职责明确，厘清部门间的职责关系。"精简"并不意味着单纯减少机构数量，压缩编制规模，而是要依据政府职责体系建设的现实需要，适时调整市辖区的机构编制结构，降低行政成本，提高治理效能。"统一"主要是指市辖区的机构设置和编制管理要遵循中央统一领导的大原则，同时遵循地方党委政府的管理，在政府职责体系建设和机构编制设置管理上，从整体的角度统筹考量市辖区机构的设置及职责配置，形成良性的协调配合机制，使之适应新时代城市治理及基层治理现代化的现实需求。"效能"原则主要是指市辖区及其所属的市级政府，要在"精简""统一"的基础上，合理设置机构、优化人员编制，最大限度地适配政府职责，建立符合各市辖区治理现实的机构职能体系，形成权责一致、分工合理、结构科学、执行顺畅、监督有力的市辖区行政管理体制，并尝试建立"职责异构"的治理模式，不断促进整体效能的提升。

四、分层治理原则

分层治理原则是现代政府治理的重要原则。当今世界，绝大多数国家都划分为中央政府与地方政府，且地方政府分为多个层级。分层治理原则的核心在于将政府治理的任务根据行政层级进行分解，并通过转化配置到相应层级政府的职责范畴中。从政府治理的角度来看，任何治理任务都是可以分解的。分解后根据职责属性将其划归到具体负责的行政层级，并由特定的政府机构承担，由此完成治理任务。分层治理原则在政府治理中的基本内涵为：尽可能将治理任务从基层政府开始配置，从下级政府逐步向高级政府递解。也就是说，在治理任务与政府职责的配置上，需要从行政层级较低的政府开始配置，因为层级较低的政府更加"贴近"人民群众，更能够承担具体的治理事务。若某一级政府无法承担相应的治理任务或无法有效履行政府职责，则将其向上一级政府配置。因此，从城市治理的角度来看，应该将城市治理任务首先从较为基层的区一级开始配置，若区一级无法承担相应任务，则将相应任务上移到市级政府。分层治理从本质上来说是对政府职责的一种细化，其将职责对应到具体的承担主体，并实现政府职责的有效配置。

基于分层治理原则，城市治理可以分为纵向向度和横向向度两个方面。纵向向度主要是市和市辖区之间的职责划分。值得注意的是，虽然街道办事处不是一级政府，但是其在城市治理中的作用很大，在具体职责划分中可以将其纳入到纵向向度中来。横向向度主要是市和市辖区中各相关机构的职责划分与职责协调。纵向向度更多呈现的是职责权限的配置，而横向向度更多则是职责协同问题。具体而言，在城市治理中，涉及宏观规划的职责都由市级政府及相应机构承担，而各类政策执行及公共服务供给等方面则应完全交由市辖区履行相应职责，市级政府不应过多干预。机构设置方面，在总体职责对应的基础上，市辖区应该被赋予更多的机构设置与编制管理的自主权，进而增强其分层治理的职责自主性。

第三节　市辖区职责配置的优化进路

理论上，政府职责包含两层含义：一是具体的职责由谁来承担，二是各项具体职责应该如何履行。前者体现政府职责的属性，后者体现政府职责的运行，两者共同构成了政府职责的逻辑。政府职责的外在呈现为政府应该具有何种权责，但其实质却是服务于政治、经济和社会关系的一种原则，是政府关系及运行的一个整体。随着经济社会的发展与治理现代化的推进，政府职责也在不断的调整，在调整中寻求配置的不断优化，这既是发展的现实需要，也是政府适应时代变化的反应。市辖区作为我国重要的一级行政建制，承担着县域治理和城市治理的双重任务，其职责配置的优化是其能否顺应治理现代化发展的核心要素。

具体而言，市辖区职责配置的优化可以从定位、类别、载体三个方面着手。对职责定位的优化是市辖区职责配置优化的前置条件，其主要是在治理现代化的背景下对市辖区的行政角色进行治理性转型，目标是通过职责的重理与转变，推动市辖区体制更加符合新时代中国式现代化发展的需要。对职责类别的优化是市辖区职责配置优化的核心要件，其主要明确市和市辖区的职责范畴，实现两级政府职责的有效对接，进而依托职责明确事权。对职责载体的优化是市辖区职责配置优化的实现基础。机构是职责的载体，所有的政府职责最终都需要依靠特定的机构来履行。尝试在同构体系下进行"异构"调整，是推动市辖区机构体系适配政府职责的关键环节。

一、职责定位优化：市辖区行政角色的治理性转型

优化市辖区职责配置首先要优化职责定位，即明确市辖区在城市治理中应该承担哪些职责、完成哪些任务及发挥什么作用。市辖区是服务于城市治理与发展的行政建制，因此市辖区的职责定位必然要基于城市治理的现实需要。长期以来，市辖区的角色定位一直是以行政区划的样态呈现的，并将其视为我国县级政府的一个重要形态。由于对于市辖区的行政化定位，其管理属性一直较为突出。所以，优化市辖区的职责定位就是要对市辖区的行政角色进行治理性转型。具体而言，就是要在保持市辖区基本管理职能的基础上，逐步减少其管理特征，特别是从微观化的管理活动中退出来，与基层自治充分协同，实现治理性的转型。基于此，市辖区的职责可以定位于基层治理、公共服务和经济社会发展三个方面，进而实现市辖区行政角色的治理性转型。

基层治理的职责定位是市辖区治理性转型的基础。市辖区是城市治理的重要主体，其治理职责主要面向于城市基层。虽然很多时候市辖区承接了大量市级政府下达的城市治理任务，但从其职责属性来看，大部分依然是面向城市基层的。基层治理是一个系统性的工程，需要纵向行政层级与横向机构部门的综合协调、共同推进。当前，在城市化进程中，城市规模不断拓展，大型城市（特别是超大、特大城市）的数量不

断增加，城市基层治理的难度越来越大、相应的职责也越来越繁杂。市辖区作为重要的城市行政区划，且直接面向城市基层，因此其治理的职责定位就至关重要。从职责定位来看，市辖区在基层治理方面的治理性转型主要包括两个方面：一是将传统职责中的管理属性向治理属性转型。传统职责主要是指交通、治安、教育、卫生等方面，还包括社区管理、区域发展、基础设施建设等。在这类传统的基层治理职责中，管理理念一直是占据主导地位的，市辖区基层治理的职责履行多为单向度的，这是我国长期的行政导向所决定的。但是随着治理现代化的推进，传统的管理方式已经无法适应现代城市基层治理的现实需要，因此要将协同、共享、发展等治理理念融入到市辖区传统治理职责中去，推动职责定位的治理性转型。二是将治理理念融入到新兴职责中。随着经济社会的发展，基层治理中出现了诸多的新兴职责，如大数据开发与应用、人工智能的发展与控制等。同时，在城市管理精细化的趋势下，很多基层治理方面的职责也开始"精细化"，如社区治理、养老服务、医疗卫生等都开始向着更加细致的方向发展。基于此，市辖区的基层治理就更需要融入协同、共享等治理理念，实现市辖区的职责定位的优化与行政角色的治理性转型。

公共服务是市辖区治理性转型的核心职责。公共服务是基于政府"公共性"衍生的，是现代政府的不可或缺的重要职责。政府通过不断优化提升公共服务职责，借此彰显其"公共性"，进而巩固其合法性。现代政府的公共服务职责主要有两层含义：一是价值规范层面"为谁服务"的问题，即政府服务的主体是否广泛的问题；另一个是施政方式层面"服务什么"和"如何服务"的问题，即政府提供服务的程序、手段是否正当、合理和合法的问题。[1] 公共服务并不是政府固有的职责，其内涵也是随着经济社会和公共意识的发展而不断拓展的。如古代政府的

---

[1] 朱光磊、孙涛：《"规制—服务型"地方政府：定位、内涵与建设》，《中国人民大学学报》2005 年第 1 期。

公共服务职责主要为水利建设、赈灾救济、道路桥梁等，而现代政府的公共服务职责则愈加地细化，深入到人民生活的方方面面。市辖区是城市治理现代化的重要主体，且直接面向基层，因此其公共服务的职责必然更加突出。从城市治理的角度来看，市辖区的公共服务职责主要包括区域公共设施建设、基础教育、科技文化、卫生健康等基本公共服务，也包括营商环境优化、数据信息技术应用等现代化的公共服务职责。同时，市辖区政府还需要为公共服务职责的履行提供良好的政治、经济、社会等方面的制度环境和条件保障。值得注意的是，公共服务需要以合作为基础，突出多方协同和权利保障。基于市辖区的公共服务职责定位，市辖区应该逐步减少行政导向的色彩，特别是在公共服务过程中更是要弱化行政主导的特征。与此同时，在公共服务职责履行中，尊重并保障公民权利，适配社会的现实需求，立足多方协同合作，共同推进城市治理现代化。这就是市辖区行政角色在公共服务职责定位下的治理性转化。

经济社会发展是市辖区治理性转型的目标职责。推动经济社会发展是国家发展的重要目标，也是政府的重要任务。经济社会发展具有两层内涵：一是"经济"与"社会"的发展是政府的职责，两者具有一定的独立性。经济发展是满足人民群众对美好生活追求的重要条件，因此推动经济发展也是当前政府的重要职责之一。而从城市治理的角度来看，经济发展是推动城市建设与发展的支撑条件。如果没有经济的充分发展，就无法进行有效的城市建设，甚至城市治理的基本内容都无法满足。城市是判断一个文明是否出现的主要标志，是文明的宝贵结晶。[1] 社会发展本质上是一种文明的演进，也是城市文明的集中呈现。因此，社会发展既是现代城市治理的重要职责，也是人民群众幸福感提升的重要条件。二是在整体发展视角下，"经济"和"社会"的发展又具有较强的联动性。经济发展的结果之一就是推动社会发展，提高城市的文明

---

[1] 吴海定等：《城市文明论》，商务印书馆 2022 年，第 33 页。

程度。而社会发展作为一个"包裹"经济、政治、文化、习俗等多方因素的综合演进体，也必然会促进经济发展。因此，经济与社会的发展是联动和共进的。市辖区作为城市治理和城市发展的重要参与主体，必然需要履行经济社会发展的职责，并将相关职责融入到市辖区的政府职责体系之中；在中国式现代化发展的背景下，将治理理念融入我国现代城市治理需要的经济社会发展过程之中，实现市辖区行政角色的治理性转型。

二、职责类别优化：市辖区事权划分的适配性完善

政府事权就是各级政府在国家治理活动中具体应该做哪些事情，是政府职责的具化呈现。各项事权的适配及落实直接关系到治理有效性及治理效能。但是，事权并不能靠主观性的判断来划定，而是需要基于特定政府的职责进行细化和适配。市辖区职责类别的优化主要是为了划定城市治理中更加符合市辖区行政角色及治理特点的事权。

市辖区事权的适配性完善首先需要明确职责类别的定位与划分。市辖区的职责属于纵向政府职责中的县级政府职责范畴，主要是围绕县级行政区划范围内的治理任务履行相应职责。市辖区与县、县级市虽然同属县级行政建制，但其行政角色及治理任务却具有较大的差异，所以市辖区的职责类别需要在县级政府职责范畴的基础上进一步细化，这也是地方政府"职责异构"的呈现。当前，市辖区的行政角色主要是城市治理的职责承担者、决策参与者和执行负责者。同时，相当一部分市辖区的行政区划与城市高度重合，这也就使市辖区产生"派出化""基层化"的特征。基于市辖区的行政角色和现实特性，其职责类别的优化主要是在县级政府职责范畴的基础上，细化并凝练出符合城市治理的职责类别。根据市辖区的行政特性，可以将其职责类别划分为四个方面：一是基础治理类职责。这类职责主要是对城市中归属于市辖区范畴内的各类治理事务由谁履行、如何履行进行界定。基础治理类主要市辖区政府为

保证辖区内的基本运行和基本稳定而履行的一系列职责。二是区域规划类职责。区域规划与治理是地方政府的普遍性职责，但是市辖区的区域规划职责相较于其他县级政府更加特殊，这主要是因为市辖区与城市治理密切相关，且很多传统的城区型市辖区的管辖区划与城市辖区高度重合，因此市辖区的区域规划类职责与其所属城市的相应职责具有更强的联动性和协同性。市辖区的区域规划类职责主要是承接市级政府的规划职责，并作为城市规划的特定部分。同时，市辖区政府作为辖区内的治理主体，还需要从辖区的角度出发，对下属各街道、乡镇，甚至社区的发展进行规划。这类职责是城市治理现代化的基础。三是经济调节类职责。经济发展是现代政府行政的重要目标，但是市辖区作为一个城市治理的区域行政单位，其更多的是对本辖区内的经济进行调控，并承接市级政府乃至省级政府的经济发展任务。加之，我国将经济调节作为政府的基本职能之一，所以将经济调节作为市辖区的职责更加符合现实情况。这类职责主要是市辖区范围内的经济的规划布局、增长方式、监督管理、发展合作等的总体呈现，是当前地方政府的重要考核指标之一，也是地方政府发展的资源基础。四是公共服务类职责。公共服务是现代政府的重要内涵，也是我国政府的基本职能之一。一方面，随着城市化的发展，城市的规模不断拓展，为了保证公共服务的供给质量及效能，就需要通过区域划定来进行供给公共服务。市辖区作为城市治理的执行主体，其必然也是城市公共服务供给的执行主体。另一方面，县级政府在我国纵向政府体系中处于相对基层的层级，其主要职责就是执行上级政府的决策。公共服务作为政策"执行端"的重要职责，必然也要由相对基层的县级政府负责。基于此，市辖区及其政府也必然需要履行公共服务的职责。公共服务类职责直接关系到城市治理的综合质量，同时在一定程度上也对政府合法性产生影响。

基于上述四类职责类别，可以实现市辖区事权的适配。从市辖区政府职责类别的优化来看，首先明确市辖区的核心职责就是执行市级政府乃至省级政府的决策。其次市辖区也需要负责本辖区内的基础治理任务。最后市辖区也需要通过横向合作推动高质量的发展。由此，市辖区的事权可以基于职责类别的优化进行适配。一是在基础治理类职责的范畴下，市辖区政府的事权包括基础交通建设、基础教育建设与发展、公共设施建设及维护、社会治安管理、生态环境保护监督、公共卫生健康、社会基础保障、市场监督管理、行政执法等，这类事权主要是保证及提高人民群众的生活质量，保证本辖区日常运行及管理。二是在区域规划类职责的范畴下，市辖区的事权主要涵盖诸如物价规范与监督、城乡发展规划、城市区域治理下的市政建设、城市整体规划下的各类辅助建设与配套区域规划等，这类事权其实在更大程度上是市级政府事权的区域分解，也可以将部分事权理解为是市级政府相应事权的任务化"发包"。从该类职责适配的事权来看，市辖区其实并不包含诸如道路规划与建设、功能区规划与发展、土地资源及房地产规划与开发等方面的事权，如果市辖区具有相关事权，也只是在执行市级政府的事权任务。三是在经济调节类职责的范畴下，市辖区的事权主要为区域经济发展规划、产业结构的建设与调整、营商环境优化以及招商引资任务等。这方面的事权主要就是通过各项措施推动辖区经济的发展，为市辖区及所属城市的发展提供基础资源，也为改善人民群众生活获取物质基础。但是值得注意的是，这类事权多是基于市级政府的整体经济规划来开展的，市辖区所具有的事权更大程度上也是所属城市经济发展的任务"分解"，因此需要将该类职责范畴下适配的事权放置到城市经济发展的整体框架中审视。四是在公共服务类职责的范畴下，市辖区的事权可以包括城市供水排水、供气供电、通信服务、娱乐休闲、饮食购物、家政物业、公共体育、绿化公园等。公共服务类职责下市辖区的事权范围很广，大到区域内的供水供电系统，小到社区中的公共体育设施，都属于这类职责适配的事权范畴。这类事权直接关系到人民群众对于美好生活的诉求能否得到满足。

　　市辖区作为城市治理的重要行政单元，其职责及适配的事权其实远不止如此。如社区治理这类看似基础却内涵宏大的问题就"包裹"于市辖区的职责事权范畴之中。但是，无论何种形式的职责界定与事权划分，都无法跳过市辖区是城市治理重要主体的现实。这就意味着，市辖区的应为之责必然要从城市治理的整体框架和发展高度来审视，否则就会出现脱离实际的"脱节"问题。

三、职责载体优化：市辖区机构体系的结构性调整

机构是职责的载体，各类职责需要通过不同的机构才能有效履行。优化职责载体本质就是对机构体系进行结构性调整，使其更加符合政府职责的发展变化及履行要求。市辖区既是我国重要的地方行政建制又是城市政区，其双重角色对其机构职能体系的设置要求更高。当前，市辖区的机构设置被"包裹"于县级政府（直辖市的市辖区除外）的机构设置"窠臼"之中，具有较为明显的"职责同构"特征，呈现出"上下对口、左右对齐"的样态。特别是不同地区、不同城市的市辖区的机构设置基本呈现较为一致的结构体系，这对于市辖区及所属城市的发展是不利的。市辖区机构设置的结构性优化要基于城市治理现代化的大背景，兼顾不同城市及不同类型市辖区的特征展开，将政府职责的逻辑融入到机构设置及调整之中，尝试进行机构设置"异构化"、推进机构设置的"大部门化"以及实现市辖区编制管理的"贯通化"。

第一，尝试市辖区机构设置的"异构化"。前文所述，市辖区的机构设置也具有较为明显的"职责同构"特征，纵向上与上级政府机构设置基本一致，横向上与县、县级市等县级政府的机构设置基本一致。但是从现实来看，因为城市治理的环境、目标、要求、资源等差异，市辖区的职责具有多样性的特征，即不同城市市辖区面对的治理职责和发展任务存在较大的差异。这就要求市辖区的机构设置也要根据不同职责与任务进行差异化的设置，实现机构设置的"异构化"。早在党的十九届三中全会上，《中共中央关于深化党和国家机构改革的决定》中就明确指出"一些领域党政机构重叠、职责交叉、权责脱节问题比较突出；一

些政府机构设置和职责划分不够科学，职责缺位和效能不高问题凸显，政府职能转变还不到位；一些领域中央和地方机构职能上下一般粗，权责划分不尽合理；……"这表明地方政府的部分机构设置应该从自身的职责实际出发，并结合现实治理任务进行差别化的设置。《地方各级人民政府机构设置和编制管理条例》第八条也规定"地方各级人民政府的行政机构应当以职责的科学配置为基础，综合设置，做到职责明确、分工合理、机构精简、权责一致，决策与执行相协调。地方各级人民政府的行政机构应当根据履行职责的需要，适时调整。"这些文件和法规都为市辖区机构设置的"异构化"提供了依据和支撑。

市辖区机构设置"异构化"大致可以从三个方面进行：一是对市辖区的机构进行类别细化。机构设置的"异构化"并不是要将机构设置的权限全部下放给各级地方政府，这既不符合我国行政管理体制的基本原则，也无法在现实中操作。推进符合现实情况的"异构化"机构设置，其前提条件就是对市辖区的机构进行适当的类别细化。可以尝试将市辖区的机构类别细化为基础性机构、发展性机构、服务性机构等。基础性机构多为负责市辖区基础治理的相关机构，如公安、财政、教育等。发展性机构则为支撑市辖区发展的机构类型，服务性机构则是面向市辖区公共服务职责而设立的相关机构。对于市辖区机构进行类别细化只是强调建立一个市辖区机构体系的框架，并不是要构建一个放之四海而皆准的模板，主要是提出一个关于推进市辖区机构设置"异构化"理念的构想。二是结合市辖区的现实功能设置特定机构。基于市辖区机构设置的类别划分，可以尝试根据市辖区的特定功能设置特殊的机构。市辖区可以根据所属城市治理与发展的需要，结合自己的角色和功能定位，设置特定的机构。例如根据市辖区在所属城市中的功能定位来设置相应的机构，作为城市科教产业基地的市辖区可以设置诸如人才局等。三是建立市辖区机构的"跨区"共享机制。市辖区作为一级"派出性"分治建制，其有很多机构属于基础性的，如各基本职能部门、人民法院、人民检察院等。在目前，各市辖区无论规模大小、发展程度和治理资源分配的实际情况如何，都会设立相应的基础机构，给人以"麻雀虽小，五脏俱全"的印象。在区际协同的背景下，可以探索在一些规模适合、交集众多的市辖区实行机构跨区"共享"机制。如两个或三个市辖区"共享"一个法院，通过巡回法院（法庭）或分法院（法庭）的方式来实现事务协同。这样一是可以减少机构数量，降低行政成本，二是可以通过市级政府及相关部门有效统筹市辖区机构的职责，减轻市辖区在基础性事务上的负担，将其职责重点放置到城市治理中的公共服务方面，真正突出其"服务性"分治建制的色彩。[1]

第二，推进市辖区机构设置的"大部门化"。从提高行政效率、降低行政成本的角度出发，同时结合市辖区城市"分治"型政区的角色属性，推进市辖区机构的"大部门化"是优化市辖区职责配置的重要措施。具体而言：一是要通过职责嵌入明确"重职责轻行业"的"大部门化"导向。将政府职责理念嵌入大部门体制改革的框架之中，尝试将原以职能为视角认为不是同一类的机构，依据职责进行外部形态及内设机构的整合。基于批判以"行业"分类为依据进行机构设置的传统理念，认识到社会主义市场经济体制条件下依照职责进行机构整合与改革的必然性。二是通过职责统筹推进"宽职责少部门"的综合性政府机构设置。市辖区机构"大部门化"的主要任务之一依然是精简机构，但不能以单纯追求机构数量的减少作为精简的标准，且不能再依据传统的行业标准或人为判断来精简、整合或重组机构。基于对政府职责科学界定，探索"拉宽"政府机构的职责范畴，将政府过程中具相近职责的机构进行整合，甚至尝试将具有密切事务性职责关系但分属不同行政领域的机构也进行整合，跳出原有机构依行业或事务分类设置的"窠臼"，设置综合性政府机构，并探究如何在保证机构规模合理的基础上有效实现行政效能的提升和行政成本的减少。三是通过职责重构推进"定职责少交叉"的部门内设机构整合。市辖区机构设置的"大部门化"立足"三

---

[1]　邱实：《同构视阈下的异构治理：市辖区体制的优化进路》，《深圳社会科学》2022 年第 2 期。

定"基础上，突出职责定位的首要性，并将其作为整合要素合理配置到各内设机构上，减少职责交叉及机构设置重叠的现象。同时，尝试在明确职责履行的条件下合理分配编制，实现政府机构规模的有效控制，消除因人员编制及分流问题而造成的为安排相应编制而被动地多设置机构，进而使内设机构职责分散和行政有效性下降的现象。四是通过职责协同推进"理顺纵向、协调横向"的政府机构关系优化。通过推进市辖区机构设置的"大部门化"来弱化"职责同构"现象，使原有机构关系从单一的"一对一"形态逐步转变为依据职责的"一对多"或"多对多"形态，构建全新的纵向机构关系。同时，实现横向机构职责协调，建立职责划分明确、职责主次清晰、职责关系协同的机构横向关系，拓展政府机构"大部门"的协同有效性。

第三，实现市辖区编制管理的"贯通化"。2023 年 3 月，《党和国家机构改革方案》发布，其中明确提出"优化机构编制资源配置"的要求，并指出"地方党政机关人员编制精减工作，由各省（自治区、直辖市）党委结合实际研究确定。县、乡两级不作精减要求"。由此可见，中央开始注意到地方政府，特别是县级及县级以下政府编制资源配置不足的问题。目前市辖区的编制管理基本还是纳入到市级政府编制管理体系中，相较于县或县级市，市辖区的编制管理的独立性还需要进一步加强。但是，市辖区当前承担的城市治理职责却日益繁重，上下级政府间编制配置的"二八定律"较为明显，直接影响到市辖区在城市治理中应有效能的发挥。基于此，可以尝试通过编制管理"贯通化"的方式优化市辖区编制管理。所谓"贯通化"就是指增加市辖区编制管理工作的独立性，市级政府进行监督即可，并且在横向上打通各区之间的编制流动，充分考虑到不同市辖区对编制的不同需求。具体而言，纵向上市辖区可以从宏观转型、中观调控、微观量化三个层面将政府职责"嵌入"到县级政府编制管理优化的实践进路，推动编制管理从单一行政化向综合治理化转变，使县级政府编制管理更加规范化、制度化，并搭建一个具有合理性的县级政府编制管理量化模型，用以作为市辖区编制管理的普遍性参考。[1] 横向上，因为功能定位、角色属性、经济发展、社会管理等多方面的差异使不同市辖区对于编制的需求各不相同。但是目前，编制管理的总额核定及资源配置大多还是以区划的行政层级为依据的。这种形式上的均衡配置在现实中反而引起了实质上的配置不均衡。为了解决这个问题，使各市辖区的编制配置及管理更加均衡化、合理化、规范化，可以在横向上实现编制管理的"贯通"，将其纳入到同一个"蓄水池"中，根据需求配置编制资源，使编制资源能够得到充分利用。值得注意的是，编制管理的"贯通"需要建立在市级政府强化监督的基础之上，用以防止出现乱报编制需求，滥用编制资源现象的发生。

1　邱实：《县级政府编制管理优化进路：一个政府职责的视角——基于江苏省 D 市（县级市）的案例分析》，《兰州学刊》2023 年第 2 期。

第六章　纵横协同：理顺市辖区条块关系

条块关系是我国政府间关系的一个显著特征，也是我国政府运行的重要形式。市辖区作为我国重要的行政建制和城市政区，其必然也蕴于条块关系之中。在政府过程中，条块关系会产生诸如条块分割、条块冲突等矛盾，也会在条块结合下形成协同。因此，如何理顺条块关系，对于优化政府体制及运行机制具有重要的意义。市辖区所处的行政层级是条块关系的重要"交汇点"，条块关系如何合理理顺对于市辖区体制优化具有重要的作用。从词面来看，条块关系是由纵向的"条"与横向的"块"组成，两者在政府间关系中共同发生作用，影响政府行政。所以，理顺条块关系可以着眼于纵向与横向两个向度，以"纵横协同"为切入点，探索市辖区条块关系的优化与发展。

第一节　市辖区条块关系的现状分析

要理顺市辖区条块关系首先要对其现状进行分析。具体而言，就是要在梳理条块关系含义的基础上，分析市辖区条块关系的基本结构、经济影响和职责逻辑。

一、条块关系的含义

"条块关系"是我国政府结构与运行的重要特征，是内生于我国政府体系的，因此我国"政府间关系模式是以条块关系为基础的"[1]。所谓"条"，就是指从中央到地方设置的管理具体事务、承担具体职责且纵向上职能相近的各类部门。在市辖区的视阈下，"条"就是城市治理体系中对专项领域事务进行专职管理的部门，即市和市辖区政府设置的职能部门或上级政府设置的垂直管理部门等。目前"条"的类型主要有三种：实行垂直管理的"条"、接受双重领导的"条"、地方政府独立管理的"条"。垂直管理的"条"主要是指中央和省以下垂直管理的各类机构部门，如税收、海关等。接受双重领导的"条"主要为各级政府设置的与中央或上级政府对口的机构部门，如公安、财政、教育等。政府独立管理的"条"主要是指由各级政府独立设置，仅归口于所属地方政府管理的机构部门，与上级政府的部门并不一定完全对口。而所谓"块"则是指承担属地职责，负责辖区内领导决策和综合事务的各级地方政府。市辖区及其政府从条块关系的角度就可以视为"块"。值得注意的是，在我国党政体制下，"块"更多也体现为国家机构与执政党之和，即包括立法、司法、行政、中国共产党的组织系统等各类机构在内的有组织的权力体系。"条块关系"就是指"条"和"块"在政府实际运作过程中形成的相互作用、相互影响的状态。"条块关系"既包括同一、合作的一面，也包括矛盾和冲突的一面。[2] 学界对于条块关系的认识具有"两重性"，即既认可条块关系在我国政府治理中的现实作用，但也不回避因条块关系而引起的一系列问题。具体来说，一方面认为条块关系是基于我国政府体系、结构与机制而产生的一种政府间关系，其必然

1　林尚立：《国内政府间关系》，浙江人民出版社 1998 年，第 313 页。
2　周振超：《当代中国政府"条块关系"研究》，天津人民出版社 2009 年，第 2 页。

符合我国政府治理的现实需求。条块使政府运行中的各个"节点"都较为清晰，能够厘清各自的任务关系，便于形成合力，推动政府治理效能的提升。另一方面，学界和实务界也承认条块关系中附带的条块分割、条块隔离等条块矛盾和造成诸如政府部门间职责交叉、府际协同障碍等问题。如果条块关系处理不得当，则会直接影响政府行政效率。由此可见，条块关系对于我国政府治理具有至关重要的作用。

城市治理界面上的条块关系主要发生于市及其职能部门与市辖区及其职能部门之间。因为在城市的范畴中，市级政府属于高层级政府，市辖区处于执行市级政府决策及指导协调基层政府关系的地位，所以以市辖区为中心，呈现出城市条块关系的基本形态：市级政府职能部门与市辖区的关系、市级政府职能部门与对口市辖区职能部门的关系、中央或省级以下垂直管理部门与市辖区的关系以及市级政府和市辖区政府之间的关系等。虽然街道办事处不是一级政府或部门，但是街道办事处在城市治理中的作用重要，因而其也是城市条块关系中重要的主体之一。从城市政府间关系的角度看，城市条块关系主要为市级政府职能部门与市辖区政府之间的关系，以及市、区两级政府各职能部门与街道办事处的关系。[1] 城市条块关系的形成主要是因为当前我国城市治理实行"两级政府、三级管理"的体制，同时坚持"条块结合、以块为主"的原则。基于此，可以看出市辖区在城市条块中居于重要的"枢纽"地位，市辖区条块关系也成为城市条块关系的核心。市辖区条块关系的梳理与分析，要强调两级政府及其职能部门、各类垂直管理部门在条块关系上各司其职，探究解决问题的平衡点，进而实现资源配置的优化。要明确没有块块的配合，条条难以开展业务；而没有条条的调控，块块也难以找到方向。[2] 理顺条块关系，对我国市辖区体制改革具有重要的作用与意义。

1　周振超：《当代中国政府"条块关系"研究》，天津人民出版社 2009 年，第 13 页

2　洪振华：《中国市辖区行政管理体制改革研究》，湖南人民出版社 2008 年，第 237 页。

二、市辖区条块关系的结构形式

条块关系本质上是一个纵横交错的网络，纵向的行政层级和横向的职责分工"编织"了条块关系的框架，并融入到政府过程之中，形成条块结构。由于我国纵向政府层级与横向机构部门的隶属关系较为复杂，因而我国条块关系的结构形式也相应复杂。我国条块关系的结构形式通过纵向与横向的向度关系呈现，具体可以归纳为以下几个方面：

第一，上级的"条"与下级的"块"的关系。这种关系形式就是上级政府的职能部门与下级政府之间的关系，这是条块关系的主要形式。通常，上级政府的"条"与下级的"块"在行政级别上是相同的，如南京市财政局与南京市秦淮区政府。但是上级政府的"条"主要是管理一类特定事务或针对的一个行业系统。而下级的"块"是一级政府，负责辖区内的综合治理事务。上级政府的"条"通常通过制定特定领域或行业的规章制度来影响下级"块"的政府过程。同时，也可以通过对口业务指导的方式参与到下级"块"的政策执行进程中。可以说，在一定程度上，上级政府的"条"相较于下级的"块"更加"强势"。但作为"块"的下级政府也可以通过特定的方式作用并影响上级政府的"条"。

第二，上级的"块"与下级的"条"的关系。从当前我国条块关系来看，上级的"块"与下级的"条"之间更多是一种领导关系。具体来说，上级政府会通过对口职能部门对下级政府的相应部门进行领导和指导，同时上级政府也具有对下级政府职能部门的人事控制权。

第三，垂直管理的"条"与地方政府"块"的关系。这对关系主要是中央或省级以下垂直的部门与同级地方政府之间的关系。从形式上看，这对关系具有较为明显的"条块"特征。隶属关系上，垂直管理的"条"和地方政府的"块"之间没有直接的隶属关系，也不存在业务上领导与指导的关系。用较为通俗的话来说，两者是两个相对独立的系统。但是在政府过程中，两者又必然会发生关系。一方面，地方政府需要积极配合垂直管理部门在其属地内的工作。另一方面，垂直管理部门虽然与地方政府无直接隶属关系，但是其工作活动毕竟在其属地范围内，并且其生活也无法跳出属地管理的范畴。因此，垂直管理部门与地方政府更多表现为一种合作性的"伙伴关系"。这种关系极大地丰富了我国政府条块关系的结构形式。

　　第四，上下级"块"的关系。虽然上下级"块"的关系从形式上看并不符合"条块关系"的结构形式，但因为"条"蕴含于不同的"块"中，因而"块"的关系间接地影响"条块关系"的发展。"条条虽然也有自己的一些特殊利益，然而，从理论上说，他们更多地追求的应该是他们所代表的这一层级政府的利益。因此，当条条在行政管理中影响增大时，实质上是他们所代表的这一层级政府对下级政府作用的加强。"[1] 从我国上下级地方政府的关系来看，其主要是领导与被领导关系，这是《宪法》《地方各级人民代表大会和地方各级人民政府组织法》等法律所明确规定的。上下级"块"的关系就是地方政府间关系，在我国的政府体系下，其呈现为党、政、军、法、群五大方面，其共同构成并影响我国的"条块关系"。

　　第五，上下级"条"的关系。在"职责同构"的作用下，我国政府职能部门在设置上基本遵循"上下对口"的模式，从中央到县级政府都设置了对应的机构体系，部分机构部门的对口设置甚至延伸到乡镇。上级政府的职能部门通常通过业务领导或业务指导对下级职能部门进行控制。从形式上看，这只是职能部门"条线"上发生的关系，和"条块关系"并不特别相关。但现实中，各职能部门多是各级政府的组成部分，融于作为"块"的各级地方政府之中，所以上下级"条"的关系也必然影响到"条块关系"。上下级"条"之间的关系主要呈现在三个方面：一是上级职能部门可以对下级对口职能部门实施业务领导或指导。在政府过程中，上级政府的职能部门通常不能对下级对口职能部门所属

1　马力宏主编：《中国行政管理中的条块关系》，杭州大学出版社1993年，第6页。

的政府直接下达行政指令，如市里的局不能直接给市辖区下达指示或命令。但是上级职能部门却可以给对口的下级部门以文件的形式进行业务领导或指导。二是下级职能部门对所管业务范围内的各项事项，会以备案或汇报的形式向上级职能部门报备。三是上级职能部门通常对于所管业务范畴内的各项资源具有调配权力，且能够制定相应的政策规章。因此，下级的政府及职能部门会主动与上级职能部门进行交流与合作。

第六，同级"条"的关系。同级"条"的关系也是在"职责同构"下生成的，直接影响到政府"条块关系"。在诸多因素的影响下，同级的"条"会产生不同的关系形态。影响到同级"条"的关系的因素很多，诸如不同职能部门所管理的具体业务不同，产生了所谓的"强势"部门，即管理权限较大的职能部门，这类部门相较于其他部门通常影响力更大。又如不同部门的负责人是否身兼其他党政职务或是否进入到政府的决策层等，都会对同级"条"的关系产生较大影响。在政府过程中，同级的"条"之间除了协同之外，也会产生一些矛盾。这些协同和矛盾也都会在不同程度上影响"条块关系"。

第七，同级"块"的关系。同级的"块"就是同级地方政府间的关系，即政府间横向关系的一种呈现。同级地方政府的关系会受到中央与地方关系的影响，并且与地区之间的发展关系关联。如有的同级地方政府间具有较为和谐的合作关系，还有的同级地方政府间虽然存在竞争关系，总体却是良性的。但也有部分同级地方政府间存在非正常的竞争关系，如地方保护主义等。同级地方政府间的关系会间接影响到同级相应"条"的关系，进而影响到"条块关系"。

第八，同级"块"与"条"的关系。同级的"块"与"条"的关系实质就是一级政府与其组成部门之间的关系。从行政关系来看，同级的"块"与其"条"主要是领导与被领导的关系。正常情况下，两者之间不会发生太大的矛盾冲突。但是随着国家治理现代化的推进，特别是很多量化考核指标的下达，各部门与其所属政府之间的关系就会发生多样性的变化，对既有的"条块关系"产生一定的影响。

　　市辖区作为我国重要的行政区划与城市治理政区，其必然也内嵌于"条块关系"之中。根据我国"条块关系"的总体形式，市辖区"条块关系"可以划分为市级政府与市辖区政府的关系、市级政府职能部门与市辖区政府的关系、市级政府职能部门与市辖区政府职能部门的关系、不同市辖区之间的关系、市辖区政府职能部门间关系等。同时，市辖区与其下辖乡镇（街道）的部门关系也可以划入到市辖区"条块关系"的框架中。据此，市辖区"条块"的构成形式可以归纳为以下几个方面：一是市辖区部分职能部门的双重领导。市辖区的一些政府职能部门既受市辖区政府的领导，也受市级政府对口职能部门的领导或指导。甚至一些部门还要以上级主管部门的管理为主，如公安部门在市辖区层面通常称之为公安分局。不过也有一些是以市辖区领导为主，如城市管理、行政执法等。二是市辖区部分职能部门的对口管理。大部分市辖区的职能部门都是由市辖区政府直接领导，并且逐步强化领导关系，如司法、民政、教育等。但也有部分职能部门需要"上下对接"，如财政部门就需要与市级政府的财政部门紧密对接，这主要是因为市辖区财政管理模式所决定的，后续探讨市辖区公共财政问题时再具体阐述分析。另外，市辖区需要在乡镇"延伸"，即在乡镇设置管理机构，其主要由市辖区政府对口职能部门领导，不完全由乡镇政府领导，如司法所、财政所等。三是市辖区辖内的垂直管理部门。中央或省市以下垂直管理的部门实行"条线"垂直领导，从行政隶属关系上与市辖区不发生关系，市辖区政府也对其没有直接的领导权，如税务、市场监督、海关等。值得注意的是，一些部门因为职能特殊，在形式上也可以算是垂直管理部门，如国家安全部门等。

　　上述主要是对市辖区"条块"结构形式的一种概述，市辖区的"条块关系"在政府过程中远比此复杂。同时，市辖区作为一个特殊的县级行政区划（直辖市的市辖区除外），其与县和县级市在"条块"结构上还是存在一定差异，这也造就了市辖区"条块关系"的特殊性。因此，市辖区"条块关系"中的很多具体问题还是要放置到具体的行政环境中进行分析与探讨。

三、市辖区条块关系的经济影响

市辖区因为其地位的特殊性，与市级政府在行政权限上的博弈并不多，其关系焦点主要在于财权与事权匹配的问题。涉及财权，就必然要分析经济因素，这恰恰也是市辖区"条块关系"的一个重要内容，市辖区"条块关系"的诸多变化也是建立在经济基础之上的。市辖区"条块"之间的经济影响主要是关于财权分配及其对应事权是否匹配的竞争与博弈。这与我国财政体制发展具有紧密的关系，可以说是蕴含于我国财政体制下的一种"条块"化的经济关系。根据我国财政体制的发展脉络，可以将其分为三个阶段，每个阶段对于市辖区"条块关系"都产生不同程度的经济影响。

一是计划经济时期的统收统支财政体制阶段。新中国成立后，在高度集中的计划经济体制下，我国实行"统收统支"的财政体制。中央政府基本上控制了全部的资源，地方政府不具有独立的财政预算。但是也有学者认为，计划经济时期真正意义上的、完全的"统收统支"仅仅存在了2年左右，从1951年开始，我国就开始尝试进行财政制度改革。如1951年推行"划分收支、分级管理"，1958年将"以支定收，一年一变"改为"以收定支，五年不变"，1971年的"定收定支，收支包干，保证上缴（或差额补贴），结余留用，一年一定"等。[1] 但是从整体来看，各具体的措施依然是在高度集中的计划经济体制下运行的，或者说是在"统收统支"的框架中进行的。这个时期的市辖区，无论从行政权限和财政权限上，都是市级政府的"附属"建制，其各项资源均由市级政府控制，财政经费方面由市级政府把握"总盘子"进行拨付，甚至具

1　参见周黎安：《转型中的地方政府：官员激励与治理》，格致出版社2017年。

体的事权划定也是严格按照市级政府的规划。从这个角度来看，计划经济时期的市辖区虽然存在"条块关系"，但并不存在太多的"条块"问题，或者说市辖区的"条块关系"被较为强势的市级政府的"条"所覆盖。

　　二是改革开放后的财政包干体制阶段。1978年改革开放后，我国开始推进财政体制改革。1980年2月，国务院颁布《关于实行"划分收支、分级包干"的财政管理体制的暂行规定》，对财政体制进行重大改革，极大调整了政府间财政关系，原先的"大锅饭"财政体制逐步转变为"分灶吃饭"的财政体制。改革后，各地方开始推行不同形式的财政体制。如广东和福建实行"划分收支，定额上缴或定额补助"的模式、江苏实行"固定比例包干"模式、四川、陕西、湖南、安徽等15个省份实行"划分收支、分级包干"模式。同时，内蒙古、新疆、西藏、宁夏、广西、云南、青海、贵州等经济欠发达地区或边疆地区，实行特殊的扶持性财政体制。1988年《国务院关于地方实行财政包干办法的决定》出台，进一步明确调动地方积极性，推进财政体制改革的措施。在这一阶段，各级地方政府开始被赋予不同程度的财政权限，并且自身的利益诉求开始显现，进而与原掌握资源分配权限的"条"产生了相应诉求。同时，地方政府在调动积极性的同时，竞争性也逐步增强。在此情况下，市辖区"条块关系"也发生影响。市级政府需要资源推进城市化，改善基础设施和公共服务，并需要招商引资，推动城市经济发展，其中很多具体的事务则需要市辖区配合，形成更加繁重的事权。但相较于其他层级或类型的地方政府，市辖区并没有获得更为独立的财政资源，因此在繁重的事权压力下，市辖区便开始与市级政府的"条"进行资源配置权限的争取，以求匹配事权。同时，同级市辖区之间为了获得更多的发展资源，也产生不同程度的竞争。市辖区"条块关系"受此经济影响，开始进入到复杂化阶段，既有条块协同，也存在条块矛盾。

　　三是分税制改革阶段。为改变财政包干体制下中央财政收入占全部财政收入比例下降的问题，同时着力解决财政分成体制下中央与地方存在的一系列问题，1994 年中央开始实行分税制改革。分税制改革划分了中央与地方事权及支出责任，将税种分为中央税、地方税、中央地方共享税，并设置"国税""地税"两套税收征管机构，实行税收分级征管。其中，对于税种的划分至关重要，直接关乎国家整体利益和命脉的税种划归中央征管，而与地方关系更加紧密且方便由地方征收的税种划归地方征管。同时，为保证地方积极性，将与经济发展具有密切关系的税种设置为中央和地方的共享税。2018 年党和国家机构改革中，"国税""地税"合并，调整相关税收征管机制，进一步优化财税体制。市辖区作为地方政府中的一个层级，同时也是城市治理的重要参与主体，其职责履行及治理责任落实都需要有匹配的财力支撑。但是市级政府与市辖区之间的财政管理体制还具有一些财政包干制的特征，对市辖区财政的独立性产生一定影响。因为市辖区与市级政府间特殊的隶属关系，市辖区在常规财政上（一般公共收入）的自主性不大，也不能像一些地方政府可以对财政资金进行一定程度的"截留"。所以，市辖区为了应对日益繁重的事权，只能通过增加基金性收入及行政事业收费在财政收入中的比重。但是，当前地方多实行"费随事走"，很多非税收入由垂直管理部门征收，甚至"足额上解"后按照比例部分返还。在这样的情况下，这就会引起市辖区"条块关系"的变化，即经济因素对条块关系发生影响。

四、市辖区条块关系的职责逻辑

政府条块的运行是依托特定职能的，可以将其理解为各类纵向的"条"与各类横向的"块"在各自的职能"轨道"内运行，共同构成条块关系的运行体系。由此可见，条块关系的运行应该是具有一定的逻辑的，市辖区也是如此。对于市辖区条块关系的分析，通常情况下"政府职能"自然会被认为可以当做市辖区条块关系运行逻辑的分析依据。学界和实务界对于政府职能的理解大致可以分为两个方面：一是根据职能属性及管理领域划分，将政府职能分为政治职能、经济职能、社会职能等。[1] 这种分类方法过于宏大无法完全"嵌入"到市辖区的分析框架中，容易造成理论分析覆盖现实情况。同时，这种职能划分方式容易与"国家职能"发生重叠，那如果以这种职能划分方式分析条块关系问题，可能会出现理论逻辑与现实运行的偏差。二是根据官方的政府职能界定，将政府职能划分为经济调节、市场监管、社会管理、公共服务和生态环境保护五大职能。这五项职能界定了政府行政的核心任务及范畴，较为规范地呈现出政府应该做哪些事情，承担哪些责任。但是这五项职能虽然较为具化，但却是对政府职能"大概念化"的概述。如果具体到某一层级或某种类型的地方政府，其具体内涵则会发生变化。比如经济调节中涉及的宏观调控问题，层级较低的政府往往是不具备的，或者说其经济调节职能的发挥并不是以宏观调控的形式呈现的。又如生态环境保护职能，这并不是某一层级政府能够单独完成的职能，高层政府负责整体决策及监督，而基层政府更多是执行及反馈，需要上下各级政府相互合作。因此如果将此职能分类方式作为市辖区条块关系的分析逻辑，则会造成分析结论与现实结果的"脱节"。因此，需要寻找一个能够准确融入到市辖区条块关系的理论"抓手"对其进行合理性的分析。

政府职能可以进行细化，即分为政府功能和政府职责。政府职责主要是明确政府应该做什么、应该由谁做以及应该怎么做的问题。政府职责是政府机构设置及运行的主要依据，可以适用于每一个层级的政府，且优化职责也是推进市辖区体制改革的重要方式。因此，可以将政府职责作为"抓手"来分析市辖区条块关系的运行逻辑。政府职责虽然是政府职能中较为"实"的一部分，但其范畴也是较大的。所以，需要对政府职责从其属性上进行细化，从而有效"嵌入"到市辖区条块关系的分析中，厘清其基本逻辑。基于政府职责的属性，可以将其分为本源型职

1　金太军等：《政府职能梳理与重构》，广东人民出版社 2002 年，第 16 页。

责、发展型职责和赋转型职责。本源型职责主要是指伴随政府产生的原始职责,可以理解为政府产生的初始目标,诸如公共安全维护、外交事务、国防军事等都可以纳入本源型职责的范畴之中。发展型职责主要是政府为适应经济与社会发展的需要而逐步衍生的各类职责,如民政、交通、卫生、社会保障、网络安全等,可分配性和变动性是衍生型职责的突出特点。赋转型职责是行政主体可以将相应职责通过赋权或转移的方式交由社会组织等其他主体履行的职责类别。[1]

　　从市辖区的角度来看,本源型职责主要包括诸如公安、财政、司法、税收等,这类职责主要是维持市辖区的稳定与运行,是市辖区政府的基础性职责,也是所有现代政府所必须承担的责任。发展型职责主要包括诸如信息安全、社会保障、公共服务、社区管理、基础设施建设等。市辖区政府履行这类职责主要是为了推动市辖区的发展,提高辖区内治理的效能,创造美好生活的达成环境。而赋转型职责主要是指本源型职责和发展型职责会在特定时候,在市辖区政府的行政运行过程中互相转变或相互协调。但是上述三类职责在市辖区内的运行确实是由不同的机构承担的,这些机构中还有部分是垂直管理部门,因此就必然发生条块关系。如果各类型职责能够从设计到履行上形成较好的协同,市辖区条块关系则相对协调。如果各类型职责的配置出现问题,那就会在市辖区中引起条块矛盾。所以,市辖区条块关系的分析也要建构在特定的职责逻辑上。具体而言,纵向上的市级政府职能部门与市辖区政府在职责配置上要界定职责范畴,在纵向上明晰任务。横向上市辖区各机构之间要能够理顺职责关系,在横向上形成合力。同时,在纵横交错的条块网络中,要注重每一个职责交叉的节点,理顺各条线和各块的关系,从整体的角度推进市辖区条块协同。

1　参见邱实:《同构视阈下的政府职责体系构建——理念转向、支撑条件与路径探索》,《南开学报(哲学社会科学版)》2021年第6期。

第二节　市辖区条块关系的运行困点

困点是指体制和机制在运行过程中，在各类无法提前预知的主客观因素的影响下出现的特定的障碍，其并非指体制或机制出现了本质性的问题。困点的出现并不代表要推翻或打破既有的体制机制，而是可以通过特定的方式进行优化修正。市辖区条块关系在实际运行中出现了诸多困点，对市辖区体制造成了一定的影响。只有通过对相应的困点进行深入分析，才能够找到消解困点的合理路径。当前，从条块关系的角度来说，市辖区体制中出现了职责"脱节"、过度竞争、基层自治弱化和财政配置错位等困点。

一、条块关系中的职责"脱节"

从目前市辖区条块关系来看，市辖区范畴内涉及整体性、综合性事务的规划、决策及资源配置权限原则上都归属于市级政府的职能部门，市辖区更多是负责执行具体的任务。市辖区虽然也设置不同的职能部门，但是由于市辖区与市的特殊关系，对口的市级政府职能部门对市辖区政府职能部门具有较强的领导性，特别是一些"分局"，上级对口部门对市辖区的部门在其财政和人事方面具有更强的领导性，甚至出现垂直管理。因此，市辖区在某些特定领域的治理能力就会弱化。市辖区具有的职责和事权多是辖区内一些基础性的事务，可以说市辖区的职责体系是不完整的。虽然，市辖区"派出化"是本书的主要观点，但"派出化"绝不等于是治理能力的弱化，这两者之间是截然不同的。这种情况可以解释为是因市辖区"条块分割"引发的职责"脱节"。职责"脱节"最为显著的体现就是市辖区相应的资源调配与发展规划权限多需要市级政府及其职能部门的授权或审批，市辖区政府的大量工作都用在与市级政府相关职能部门的协调上，这种现象被一些实务工作者称之为"市属部门掌权、市辖区政府协调"。[1] 这表明市辖区作为一级行政建制，其治理职责及相关权限并没有完全匹配，因而出现"脱节"现象。这种情况随着垂直管理部门的强化，也愈发明显。

条块"分割"下市辖区的职责"脱节"可以归纳为是职责与权限的"脱节，"具体而言：一是治理职责与治理权限的"脱节"。从理论上说，市辖区是一级地方行政建制，也是城市的基层行政单元。但是相较于同级的县和县级市，市辖区实际的治理权限却相对少了不少。这主要是由于市与市辖区的特殊关系，使市辖区作为"块"的治理权限被"包裹"在市级政府职能部门的"条"之中，特别是城区型市辖区的辖区与所属市高度重合，这种现象就更加突出。但是市辖区的治理职责却往往是依据一级地方行政建制的标准设置的，因而就出现了治理职责与治理权限的"脱节"。二是监督职责与监督权限的"脱节"。从条块关系的角度来说，"块"对于在其属地范围内工作的"条"是具有一定监督权的。因此，市辖区政府在充分支持垂直管理部门在其属地范围内开展工作的同时，也依法对地方政府及其职能部门进行监督，这是保持条块关系平衡的一个重要措施。但市辖区对垂直管理部门的监督实际无法落实到位。如部分垂直管理部门因为市辖区的特殊性其管理权限会在市的层面"扎口"，划入到市级政府的职能部门管理范畴中。还有部分垂直管理部门依然由省级政府的相关职能部门统一管理。基于此，市辖区政府对"条"的监督实际上是难以落实的。这种现象被称为"看得见的管不着，管得着的看不见"。[2] 三是属地职责与属地权限的"脱节"。属地管理是我国地方政府行政管理体制的一个重要特征，市辖区也具有明确的属地管理职责。所谓属地管理就是以地方政府管理的属地范畴为依据进行职责划分、任务下达、考核评估、追责问责的管理模式。属地管理是一个既有人为设计特征，又有客观发展内涵的地方管理机制，其可以说是随

1　惠冰：《我国特大城市市辖区政府分析：能力增强与权力扩张过程》，《中国行政管理》1998年第 12 期。

2　洪振华：《中国市辖区行政管理体制改革研究》，湖南人民出版社 2008 年，第 245 页。

着国家的产生而产生，并根据国家治理的现实需要逐步发展。[1] 属地管理在一定程度上可以视为与垂直管理相对的一种行政管理模式，这也是条块关系在管理模式上的一种呈现。市辖区作为一级地方行政建制，其必然具有属地管理职责。但当前经济社会发展的规划权和决策权主要集中在省和部分市层面，市辖区是没有太多权限的。但是作为"条"的垂直管理部门却可以经常"纵向到底"执行政策，这在一定程度上可以视为绕开了"块"的属地权限。也就是说，市辖区无法用属地管理中的权限对这种绕过属地职责的现象进行规制。但如果在市辖区的属地职责范围内出现了各类问题，则会根据属地管理的原则对市辖区政府进行问责和处分，这就是市辖区属地职责与属地权限"脱节"的具体表现。

二、条块关系中的过度竞争

在条块关系中，因为纵横相交"条"与"块"必然会在不同层面上发生竞争关系，其核心主要是为了获得更多的发展资源和治理权限。市辖区条块关系中也必然存在这类竞争关系。首先需要明确的是，条块关系中的竞争关系并不是一种政治意义上的博弈。我国的行政管理体制决定了我国不可能在央地之间或上下级政府出现政治层面的博弈与竞争，政府间的竞争主要是一种行政性的或经济性的，不涉及我国的基本政治制度。市辖区条块关系中的竞争也是这种行政性的或经济性的竞争。市辖区条块关系中的竞争主要呈现为市-区竞争和区-区竞争两种形式。

市-区竞争其本质并非市与市辖区的竞争，而是市的职能部门与市辖区的竞争。市辖区是城市治理的重要基层行政建制，其通过划定辖区"分摊"城市治理的各项任务，协助市级政府推进城市治理现代化。但市辖区同时又是一级相对独立的地方行政建制，必然具有特定的利益诉

1　邱实：《属地管理扩张下的基层治理困境及优化研究》，《河海大学学报》（哲学社会科学版）2022 年第 6 期。

求，在治理过程中会寻求自身利益的最大化。当前，因为地方政府考核评估的不断细化，市辖区更需要争取支撑完成考核的各类资源，这更加彰显了市辖区作为利益主体的诉求。因为市的职能部门掌握着城市治理各类资源配置的权限，因此市辖区作为独立的利益主体，在各类资源的竞争上就会与相应的职能部门产生"角力"。不同市辖区会基于不同的利益诉求与市级政府的职能部门发生多种形式的竞争。一方面，市辖区为了争取更多的资源和权限需要与市级政府的职能部门进行协调。另一方面，市级政府的职能部门为了能够贯彻某项政策或举措，会与市辖区政府进行沟通，希望能够得到其支持。两者交织在一起就发生"条块"间的竞争。如果竞争被控制在一定的"限度"内，那就是合理竞争。但当竞争超出一定"限度"，那从本质上说就是条块关系的非正常竞争。

区-区竞争主要是市辖区之间为了获得更多的发展资源而引起的一种竞争现象。市辖区作为城市政区，其发展必然与城市发展紧密关联。市辖区之间的竞争相对较为直接，主要为交通、教育、科技、经济等各方面的资源。如市辖区之间会对地铁路线站点、商贸中心或产业基地的规划等涉及发展利益的事务进行竞争。区-区竞争也具有一定"限度"，如果在这个"限度"内就是合理竞争，可能会产生共赢。如果超出这个"限度"那就是非正常竞争。区-区的竞争从形式上看是"块"之间的竞争，但相关资源的配置权限则很多归于市级政府职能部门的"条"，因此其归根结底也是融于条块关系之中的竞争。由此可见，区-区竞争与市-区竞争共同构成了市辖区条块关系中的竞争形态。

市辖区条块关系中的竞争很容易"过度"，即发生非正常竞争。因为一个城市的发展资源总量是固定的，为了获取更多的发展资源，必然会采用过度竞争的方法。过度竞争会造成城市发展中诸如重复建设、资源浪费、布局紊乱、协同弱化、效能降低等各类问题，如上海的曹家渡商圈的没落就是一个典型的例子。甚至有时候，市辖区会为了争取更多的发展资源满足自身利益，而力求改变市级政府的原有规划，形成纵向上的过度竞争。这种纵横兼具的过度竞争就成为市辖区条块关系的一个现实困点，这对于市和市辖区的积极性与协同性都有较大的影响。

三、条块关系中的定位模糊

市辖区是一级地方行政建制，同时也是城市治理的行政单位。目前关于市辖区的法律规定主要是将其作为县级行政建制（直辖市的市辖区除外）与县、县级市进行笼统而宏观的规范化定位，尚无法律法规明确市辖区的功能属性与职责定位。在这样的情况下，市辖区的具体功能与职责多是由所属市级政府进行设定。这种情况使市辖区条块关系愈加复杂化：一方面，市级政府在分权与集中之间来回摇摆，并通过市级政府职能部门对市辖区的资源配置进行控制，减弱了市辖区在城市治理中的自主性。另一方面，市辖区作为一级独立的行政建制，必然需要具有匹配的治理权限及相应资源，否则也无法完成辖区内的各项治理任务。可以说，"条"与"块"之间存在一种模糊的状态。归根结底，这种情况发生的原因就是目前市辖区在条块关系中的定位模糊，即无法明确市辖区在城市治理中功能与职责定位，也无法理顺市级政府与市辖区在政府过程中的具体关系。

市辖区条块关系中的定位模糊会引发以下现实问题：一是市、区职责重叠。市、区职责重叠实际就是无法明确市和市辖区的具体的职责范畴，即应该由市级政府履行的职责与市辖区政府履行的职责无法有效区分，特别是与市的行政区划重合的城区型市辖区更加明显。因为在市、区职责重叠下，市和市辖区都会从不同的利益角度参与到城市治理中，在没有职责界定的情况下会造成城市治理的全局性程度不高，整体性不强。在职责重叠的情况下，市区之间很多治理事务的管理权限也无法明晰，因而很多治理权限还是集中到市级政府，由市级政府统一掌握。这样就造成市辖区的独立性不足，很多功能无法发挥，且需要由其承担的职责也无法充分履行，市辖区设置的初衷作用没有得到充分体现。二是城市统筹发展动力不足。部分新设市辖区的行政区划相对独立，特别是通过"撤县设区"等方式设置的市辖区，因为条块关系中市辖区功能职责的定位模糊，无法有效实现行政角色转变，甚至希望继续保持高度独立的治理权限和行政地位。但现实中，在其改为市辖区后，市级政府及其职能部门会按照对传统市辖区的管理方式对其进行管理，使市辖区条块之间的定位模糊逐步进入到实际政府过程中，进而引发条块层面的另一种矛盾。受此影响，很多该类型的市辖区无法有效实现"以城带乡"的既定任务，其融入城市整体治理的框架也遇到障碍。三是城市基层治理的效能降低。城市目前实行的"二级政府、三级管理"的模式，其在条块关系定位模糊下发生变化。从事实上看，城市治理层级已经呈现为四级形态，即"市、市辖区-街道-社区"，市辖区层级往下开始负责基层治理事务。从理论上看，街道办事处是市辖区的派出机关，社区居民委员会是居民基层自治组织。但是在城市治理中街道和社区都发挥了超出其角色定位的功能，甚至承担了类似一级政府的职责。出现这种现象的主要原因就是作为"块"的市和市辖区没有厘清互相之间的功能与职责定位，因而很多治理事务都是以"条"的形式介入，但作为"条"的职能部门又是上下对口的，必然要在基层治理中找到一个"脚"，这就促使街道乃至社区越来越"实体"化了。这种情况实际上使城市基层治理中的自治性减弱，行政化色彩不断增强，对于基层的活力产生很大影响。

四、条块关系中的财政障碍

政府间财政关系可以分为横向维度、纵向维度和斜向维度，其中横向维度包括政府内部各部门之间的财政关系和同级政府之间的财政关系；纵向维度是指上下级政府间的财政关系；斜向维度是指不具有隶属关系、不同层级的辖区政府或职能部门之间的财政关系。[1] 由此可见，

1　徐阳光：《政府间财政关系法治化研究》，法律出版社 2016 年，第 2—3 页。

政府间财政关系也是蕴含于条块关系之中的。财政关系的核心在于财政权限，所谓财政权限并不是以财政数量上的规模作为衡量标准，而是调配及掌握财政资源的权限有多大。《预算法》规定一级政府一级预算，因此市辖区是具备一级独立财政的，具备相应的税收征管及财政管理职责。同时，在收费管理上市辖区也具有独立的管理权限。但是现实中，市与市辖区在财政管理权限上并不完全如此。比如在税收管理上，市会将收益较多的重要税源企业的管理权限收在手里，而将效益一般且征收难度较大的企业放置在市辖区中。同样，在收费上，一些收费丰富的事权被上移到市级政府手中，而一些事务繁重且费用相对较低的事权会放置在市辖区层面。与此同时，不同类型的市辖区在财政管理权限上也存在差异。"城区"型市辖区在财政管理权限上通常小于"郊区"型市辖区。如南京市道路停车费用征收中，鼓楼区、秦淮区等传统的"城区"型市辖区的停车费均直接纳入到南京市的财政账户中，而江宁区、溧水区等"郊区"型市辖区的费用则计入本级财政账户。这种情况反映到条块关系中就会生成财政障碍。本节所指的财政障碍并不是指我国地方政府财政管理制度出现的制度性问题，而是指在市辖区条块关系这一特定场域中，财政管理权限的复杂所导致的一些困点。

由于当前市与市辖区财政管理关系及相应权限较为复杂，且每个地区每个城市都具有差异性。因此，市辖区条块关系中的财政问题及障碍也各不相同。通过归纳，市辖区条块关系中的财政障碍会引起两方面的问题：

一是市与市辖区之间的财政协同性不足。条块关系中的财政障碍使市辖区与其所属城市之间的财政关系协同性不足，如市为了实现统筹掌握财政资源的目的，会将财政权限及财政资源尽可能掌握在自己手中，而市辖区为了本辖区的发展及完成治理任务，会通过"隐性截留""体外循环"等方式截留部分财政资金，甚至还会发生过度收费等问题。在一些非传统城区或行政区划与所属城市不重合的市辖区，这种现象更加突出。比如一些城市为了拓展城市规模，通过"撤县（市）设区"或

"区县合并"的方式设置了一些新的市辖区，在整合过程中通过正式或非正式的方式保留了新设市辖区相对独立的管理权限，其中就包含了财政权限。这就与其他类型的市辖区发生区别，进一步加剧市辖区条块关系中的财政障碍，直接影响到城市治理中财政关系的协同性。财政关系协调性下降所引发的直接问题就是市与市辖区之间财政资源使用效能的降低。

二是市与市辖区之间事权划分的主观性突出。没有财政就没有办法做事，财政资源直接支撑事权，这就决定了条块职责的类型程度。既然事权与财政挂钩，那市辖区条块之间的事权划分实际上也就是财政资源的划分。因此，市和市辖区对于特定事权的划分就充满主观性特征。所谓事权划分的主观性是指特定事权承担主体不完全依据治理现实需要的客观性，而是根据自身的利益诉求争取甚至竞争相应的事权，以求获得更多的财政资源，引起治理的非科学化和非合理化，市辖区条块关系中就存在这类现象。如一些市级政府为了获得更多的财政资源，将城市土地规划及管理的事权纳入到市级政府相应的"条"中，而将一些比较"难办"的事权划归市辖区承担。市辖区为了获得更多的财政资源，会与市争取和竞争，同时也会与同级或相邻的其他市辖区对特定事权发生竞争。但是对于财政资源相对不足的事权，市和市辖区主观上都不愿承担，或承担后只是完成"规定动作"，以"例行公事"的方式履行事权。这样就造成一些特定的事务都"盯着"，而另一些事务则都"推着"。这种基于财政资源的事权划分的主观性特征，不仅会造成特定事权上的资源浪费，也会引起部分事权的治理"真空"。

第三节　市辖区条块关系的调整进路

市辖区条块关系直接影响城市治理现代化的进程，因此需要基于现实情况对其进行适当调整，使其结构更加合理、运行更加流畅，在优化城市治理的同时完善政府间关系。

一、纵横协同：市辖区条块关系调整的总体思路

市辖区条块关系从本质上来说还是政府间关系，是政府结构在特定运行机制下的一种具化呈现。优化条块关系一直以来都是政治学与行政学探讨的重点问题，特别是针对"条"与"块"究竟应该如何调整如何融合，到底是应该强化"条"还是强化"块"等问题都进行了深入探讨。但到目前也尚未形成统一的认识，大多是结合具体的实际问题探索应对措施。从现实来看，无论是从"条"的角度还是"块"的角度，都无法单纯从结构层面解决问题。一方面，由于我国政府体制的特征，纵向上无法打破"职责同构"，只能尝试在"同构"的基础上对相关体制结构进行优化。同时，我国上下级地方政府及各类部门之间具有较强的领导与指导关系，这种关系是蕴含于我国政府体制及运行机制之中的，是不可能完全改变的，所以单纯的结构性调整是不现实的。另一方面，机构间必定有行政上的边界，并且其履行的职责也一定有固定的范畴。因此，无论如何整合机构和融合职责，机构的边界都会一直存在。在条块关系中，无论如何融合"条"和"块"的结构，也一定都会存在边界与范畴。基于此，市辖区条块关系调整的总体思路应该跳出单纯的结构性调整，正确认识纵横双向的特征，以协同为核心，探索市辖区条块关系的优化调整路径。

基于协同的视角，市辖区条块关系调整的总体导向就是理顺关系，即将结构与运行均作为核心要素融入到条块关系的纵横协同中去。一方面，要基于现实需求继续推进市辖区条块关系的结构完善，着力解决职责重叠、权限不清等问题。另一方面，还要在结构调整的基础上进一步优化运行机制，毕竟条块关系是蕴含于动态的政府过程之中的，条块关系能否最终理顺还是需要基于具体的运行。在确定市辖区条块关系调整的总体导向后，就可以进一步明确具体的调整进路：第一，协调市辖区

条块之间的权限配置。市辖区条块关系间权限配置的核心在于统分均衡。没有绝对的"集中"，也没有绝对的"分权"，权限的划分要坚持集中与分权适配的原则，在特定的基础上坚持集中与分权并举，均衡市辖区条块间的权限配比。实现既维护市的统一权威，也兼顾市辖区的特定利益，真正实现统一领导、分级管理、条块结合、利益互通。第二，强化市辖区条块中的属地管理原则。长期以来，城市治理中的很多事务都集中于"条"，并不断拓展"条"的职责范畴，相反"块"的作用没有得到充分发挥，这一情况在市辖区上体现得更加突出。但城市治理各项措施的最终落脚点都集中在"块"，所以通过属地管理原则的强化，调整市辖区在城市治理中功能与职责的重理，明确哪些应该由"条"负责，哪些应该由"块"承担，充分彰显市辖区的关键作用。同时，城市治理中"条"功能发挥也要基于属地管理原则进行，不能忽视属地管理的现实作用。基于此，要使市辖区发挥应有的作用，在理顺市辖区条块关系的同时推动城市治理现代化。第三，完善市辖区条块关系中的监督机制。有效的监督机制是保证市辖区条块关系合理运行与健康发展的重要条件。通过监督可以规制"条"，也可以规范"快"，使条块双方都能够在各自的行政"轨道"内运行，尽量遏制条块矛盾、条块冲突等非正常情况的发生。与此同时，也可以通过监督机制间接地推动市辖区条块的协同，推进城市发展的整体性，实现条块结合、互惠双赢。

二、统分均衡：协调市辖区条块关系中的权限配置

从城市治理的角度来看，市辖区处于条块关系的中心节点，是影响条块关系的重要因素。这一特点决定其必然要面临城市治理权限"统"和"分"的双重局面。所谓"统"就是指市辖区的治理活动必须要基于城市的整体发展要求和规划方案来进行，要服从城市治理的现实需求。而"分"则是指在城市具体的治理事务中，要将相应治理权限以合理的方式下放到市辖区层面，增强其在城市治理中的自主性，提升其在城市

治理过程中的参与度。同时，激发市辖区的积极性，使其主动地参与到城市治理现代化的进程中，并发挥重要的作用。归纳而言，市辖区条块关系视角下的"统"就是要坚持城市治理的整体性，而"分"更多是从城市治理的现实出发，赋予市辖区更多的自主性，使其与市级政府职能部门更好地协同，激发市辖区的积极性。

　　"统分"的具体表现就是城市治理权限在条块中的配置比重，即治理权限在市级政府及其职能部门的"集中"程度与向市辖区"分权"的程度。"统分均衡"是指统分要适度，不能统得过死，也不能放得过散。市辖区条块关系中的统分均衡就是合理配置市级政府职能部门与市辖区的治理权限。要实现市辖区条块的"统分均衡"需要从两个层面出发：一是合理配置治理权限的比重。合理配置市辖区条块的治理权限，首先要明确条块的治理范畴及责任。在城市治理中，作为"条"的市级政府职能部门及垂直管理部门要更加聚焦于宏观的发展规划，并明确其具体责任，进而适配相应的治理权限。而作为"块"的市辖区则需要更多从中观的政策制定及微观的政策执行方面界定自己的权限范畴及相关责任，因此要赋予市辖区更多的政策执行与反馈调整方面的权限。二是均衡治理权限的"集放"程度。市辖区的条块关系也是蕴含于动态的政府过程之中的，因此其治理权限配置的均衡也是动态的，即需要不断调整市辖区条块治理权限中的"集中"与"分权"的比例关系。首先需要明确，市辖区条块中治理权限"集分"的根本目的是要充分调动条块双方的积极性，使其以积极的态度参与到条块关系中来。其次，市辖区条块治理权限的"集分"要均衡，不能产生互相制约钳制的情况。再次，市辖区条块中"集分"的关键不在于治理权限要给市级政府的"条"多还是给市辖区的"块"多，也不在于是集中更好还是分权更好，而是要"确权"，实现市辖区条块治理权限的规范确定。但是要注意的是，"确权"也并不是要将市辖区条块的权限固定，而是通过明确双方基本权限范畴，基于现实需要在政府过程中动态调整。最后，要摒弃传统的"非集即分"或"非分即集"的极端化思维，也不能将"集中"就视为保守的治理方式，也不能将"分权"就视为治理分散的成因。要将"集分"视为合理"确权"基础上的一个动态的调整模式，其目的是更好地理顺市辖区条块关系，促进其在城市治理现代化中的积极性。

三、守土有责：强化市辖区条块关系中的属地管理

现代城市是一个综合体，其包含经济、政治、文化、社会等各项活动，也涵盖交通、卫生、环保、安全、教育、科技、贸易等各项因素。面对纷繁复杂的城市治理，为了提升治理效能，城市治理需要进行职能分工，划分职能部门来进行分类治理。同时，也需要在城市治理中设置上下贯通的垂直管理部门用以完善城市治理。由此可知，城市治理下的市辖区条块关系主要可以从两个方面理解：一、"条"是负责具体治理事务的主体。作为城市治理中各项资源的掌握者，条线部门承担了大量的具体工作，特别是各类业务性治理工作。二、"块"是承担具体治理责任的主体。作为城市中具体治理任务的决策者与协调者，各级政府负责统筹实施。但作为一级政府的"块"在完成决策后，具体的执行工作还是要依托本级政府的具体部门来落实。这样具体的事务还是要聚焦到"条"上。面对日益复杂的城市治理事务，单靠"条"也无法完全承担，即使承担了也不能保证其效能，同时也会滋生诸如官僚主义、行政低效等现实问题。现实中，城市治理中大量的具体事务性工作还是需要"条"来承担，而"条"面对现代城市繁杂的治理事务又出现了治理障碍或治理不足。同时，"块"的作用在城市治理中也未能得到充分的发挥。从另一个角度来看，"条"的工作开展无法彻底跳出"块"的影响，即使是垂直管理部门的"条线"，其工作开展和日常生活也必然要在特定的"块"的属地范围中进行。所以，从城市治理的总体来看，还是要强化"块"的作用，突出"块"在城市治理中的重要性。

现代城市中，"块"是人们居住、生活、娱乐、教育等的重要场所。市辖区就是在城市中发挥此功能的"块"。不管从事何种工作、生活习

惯如何的人都会在特定的区域内居住和活动，且归属于该区域的地方政府管理。同时，公共安全、市容管理、食品供给、公共服务、义务教育、养老社保等也在"块"的辖区范围内。随着城市规模的日益扩大，为保证治理效能，城市中的相关内容就集中于市辖区。在此情况下，市辖区及其派出机关街道办事处，甚至是社区居民委员会等都以"块"的形式进入到城市治理之中，履行其"守土"的责任。基于此，市辖区条块关系的理顺必须以加强属地管理为前提条件。具体而言，就是市辖区的条块关系要遵循属地管理的基本原则，进而在以"块"为主的基础上划分条块职责，理顺条块关系。具体而言：关系到城市整体发展规划与调控政策等方面的内容，还是宜由"条"来负责，这样方便集中各方资源，保证城市治理的综合性。但这方面必须要在"块"的支持下进行，且不能无视"块"的合理利益。比如市级政府的职能部门在制定规划时，不能忽视市辖区的辖区利益与治理功能，更不能将其视为市级政府的一个简单的组成部分，认为其只要被动地接受任务并配合执行就行，这样会引发明显的条块矛盾。所以，即使是"条线"的职责，在履行时也要注意"块"的作用与诉求。而关系到城市治理中具体业务的，如经济发展、文教科技、环境保护、市政建设、社区治理等，应该交由"块"来负责，即由市辖区具体落实。因为这类具体的事务都需要以属地作为划分依据并在属地内推进，由"块"来执行能够更好地贯彻属地管理原则，让各项工作更好地在特定辖区中落实。值得注意的是，如果城市治理事务关联"条""块"双方，如供气供水、公共安全等，则应该坚持"以块为主，条块协同"的理念进行。

四、合理监督：完善市辖区条块关系中的监督机制

条块矛盾的核心问题是利益，因此需要通过特定的监督机制对条块双方的利益追求进行规制，这是理顺条块关系的要素。同时，条块关系理顺后也需要有特定的监督机制来保持。政府过程中市辖区多是与市级

政府的职能部门和相应的垂直管理部门发生关系，因此监督行为主要是在具有特定关系的条块之间。但总体来看，作为"条"的市级政府职能部门及垂直管理部门相对于"块"的市辖区更加强势，因此从市辖区条块关系来看，监督机制更多是对掌握各类治理资源的"条"的监督，即市辖区如何能够实现对市级政府职能部门和垂直管理部门的有效监督。市辖区对其进行监督可以说是条块关系中"弱势"主体对"强势"主体的监督，因此需要通过合理有效的监督形式来推进。同时，监督机制也包括相应的"条线"部门对市辖区在特定业务上的监督。具体来说，可以通过法律性监督、行政性监督和组织性监督来推进市辖区条块关系中监督机制的完善，实现条块监督的合理化。

法律性监督是指依据特定的法律法规实现市辖区条块关系中监督。《宪法》第九十九条规定地方各级人民代表大会在本行政区域内，保证宪法、法律、行政法规的遵守和执行；依照法律规定的权限，通过和发布决议，审查和决定地方的经济建设、文化建设和公共事业建设的计划。《地方各级人民代表大会和地方各级人民政府组织法》第八十四条规定，省、自治区、直辖市、自治州、县、自治县、市、市辖区的人民政府应当协助设立在本行政区域内不属于自己管理的国家机关、企业、事业单位进行工作，并且监督它们遵守和执行法律和政策。宪法和法律在法理层面明确了作为"块"的市辖区对其辖区内的"条"进行监督的权利。从上述法律规定可以看出，市辖区对市级政府职能部门及垂直管理部门的监督可以从两个层面展开：一是市辖区的权力机关，即市辖区人民代表大会及其常委会的监督。根据《宪法》规定，这种监督更多是一种审查性的事前监督，并且以符合相关法律的具体规定为监督宗旨。二是市辖区政府的监督。这主要是政府过程中，"块"对"条"的监督，虽然是行政机关内部的监督，但也是依据特定的法律展开的，具有较强的法理性。法律性监督并不是市辖区条块关系中监督机制的创新，而是需要对其进行充分的落实，市辖区要"理直气壮"地对"条线"部门履行宪法和法律赋予的监督权力，推动监督机制的完善。

　　行政性监督主要是从行政机关内部对市辖区条块关系监督机制进行创新与完善的措施。从监督效能发挥的角度来看，无直接行政隶属关系的主体进行监督效果会最好。行政性监督的法律依据是《宪法》《行政法》与《行政诉讼法》，在此基础上可以尝试将市辖区条块的监督从行政的角度进行序列分解。一是对非垂直管理部门序列的监督，即对市级政府职能部门及相关机构的监督。这类部门的行政性监督可以参照相关法律法规，由市辖区结合具体的情况向被监督机构的上级主管部门提交行政性监督成效，并及时反馈具体情况。这样能够最大限度地保证行政性监督的中立性和客观性，充分保障监督的现实效果。二是对垂直管理部门序列的监督。垂直管理部门比较特殊，且垂直管理模式不一，因此可以直接由市辖区或其所属的市作为监督主体进行监督。值得注意的是，行政性监督主要是针对条块关系中涉及相关法律法规的矛盾进行的，其核心目的是解决矛盾，理顺条块关系，并不是为了打破现有的行政体制及政府体系。

　　组织性监督是基于我国党政体制建构的监督机制，是在党的领导下开展监督的尝试。组织性监督就是运用党组织的领导力量，将条块关系中的监督机制"接入"到党政体制之中，使党组织的作用在行政系统中充分发挥。例如可以将垂直管理部门在市辖区区域内设置机构的党组纳入到市辖区党委的领导体系中，充分接受"块"的党委的监督和指导，并且通过党组织来沟通协调一些行政性的事务。这是一种条块监督的模式创新，也是党建引领的内涵丰富。

　　在政府过程中，作为职能部门的"条"也可以对作为"块"的市辖区进行监督。市级政府的职能部门及相关垂直管理部门，若发现市辖区的工作中存在问题或违规行为，可以通过法定渠道及程序向其上级政府或同级人大反映，以求更好地完成治理任务。

第七章　综合支撑：市辖区体制发展保障

　　市辖区兼具政治、地理、法律、文化、社会等多方面的内涵与特征，因此市辖区体制的改革的推进不能仅从市辖区本身的视角出发，而是要将市辖区放置于动态的政府过程中，从更加宏大的角度来审视其改革进程。基于此，市辖区体制的改革与发展要兼顾保障性的体制机制建设，实现对市辖区体制优化的综合支撑。从市辖区及其体制改革的特征与需求出发，可以从法治、财政和行政三个方面对市辖区的发展进行保障，使市辖区体制改革更加具有综合性。

第一节　强化市辖区体制法治建设

　　法律是治国之重器，法治是治国理政的基本方式。[1] 因此，法治是现代政府的核心特征，是政府运行的规范性保障，也是保证政府合法性的重要基础。市辖区作为我国重要的行政区划和城市治理单位，法治建设能够强化其体制结构和运行机制。

1　《习近平法治思想学习纲要》，人民出版社 2021 年，第 1 页。

一、市辖区体制法治建设的意义

习近平总书记强调，"推进全面依法治国，法治政府建设是重点任务和主体工程，对法治国家、法治社会建设具有示范带动作用"。必须深入推进依法行政，加快建设法治政府，构建职责明确、依法行政的政府治理体系。[1] 因此，市辖区体制的法治建设并不是简单地制定出台各类法律法规，而是需要将法律法规的制定与社会的现实需求相结合，保证市辖区体制的稳定和高效。从理论上讲，法治建设需要依托特定的要素。具体而言：

一是合法性。从法治建设的角度来看，合法性的内涵可以从两个层面来理解：一个是符合法律的基本规范，另一个是符合社会基本价值认同。这两个层面是前后衔接互相依托的。合法性的基础首先是遵守既定的法律法规，各项行为要符合法律原则，这可以理解为日常生活中经常说到的"法定"。合法性的另一个层次是社会价值的普遍认同，这也是合法性的基础。相较于第一层次，第二层次蕴含的内容更多，除了具有普遍认同力的法律文本外，还需要在行为目的和行为过程上符合社会的普遍价值，获得较高认同度。市辖区体制作为我国行政管理体制的重要组成部分，在结构与运行上也需要具有合法性。结构层面，市辖区的设置与调整须具有法律法规的支撑，使其具有"法定"性。同时，其职责设定、机构设置等都必须依照"法定"规范进行。运行层面，市辖区体制中诸如政策设计、执行方式、服务理念等也要符合相关的法律规范，并且在动态的政府过程中能够与社会需求及普遍价值相契合。只有同时具备上述两个层次，市辖区体制的合法性才能够得到保障，进而为市辖区体制的法治建设奠定基础。

二是正当性。从法治的角度来说，"法定"是一种较为静态的呈现

1　《习近平法治思想学习纲要》，人民出版社 2021 年，第 101 页。

方式。在行政管理过程中，因行为主体与行为客体间关系受诸如理念、环境等多方面因素影响，所以需要在法治中融入对于特定情况的具体分析，进而使具体行政行为得到社会认可，即认为行政行为是正当的。另一方面，社会的价值判断多具有主观性，没有绝对的理性和完全客观的判断，因此政府行政必须要在既有法律法规的基础上充分考虑到现实实践的合理性。这种合理性如果能够基本符合社会价值的判断，得到社会的普遍认可，那就说明行为是具有正当性的。由于市辖区较为贴近基层，并且主要职责是城市中的公共服务与基层治理，因此其与社会民众的接触更多。所以，市辖区的法治建设一方面要具有完善的文本性的法律规范支撑，同时也要在具体的执行过程中注重具体情况，将"法定"原则建立在"实际"的基础之上，这样才能使市辖区体制得到社会的进一步认可与支持，保持市辖区体制运行的通畅。具体而言，正当性在市辖区体制法治建设中的现实呈现主要为政策制定与实施规划的过程中要充分吸纳社会各界的加入，听取多方意见和利益诉求，制定出能够兼顾涉及群体总体利益的政策方案。又如市辖区政府可以根据相关法律法规的规定，对其行政过程中的政务信息进行定时、公开、透明的发布，使社会能够充分了解市辖区政府的行政理念，对其进行自主性的评价，进而提升社会的认同度。

三是规范性。规范性是权威的重要来源，也是法治建设的重要基础。现代政府法治建设下的规范性就是指政府过程中，文本制定、决策程序、施政方式、服务理念等方面均具有较强的规则性。同时，在行政效果、行政成本、治理效能等方面也能够达到预期目标，并尽可能以较短的时间和较低的成本完成治理任务。由此，可以将法治建设中的规范性因素划分为形式层面的规范与实质层面的规范。从市辖区体制出发，在形式规范层面，更加注重体制的设计理念及结构体系，使社会认可市辖区体制的设计与存在是具有特定的意义和作用的。但形式规范包含的权威属性较大，特定的体制设计很多时候是由于权威的作用而使社会被动接受。在实质规范层面，就是要将市辖区制度"嵌入"到社会现实需求和价值标准中，使其结构与运行被社会真正地认同。与形式规范相比，实质规范更多是一种公众内心的赞同与认可，权威性相对而言较弱。

基于法治建设的基本要素，市辖区体制推进法治建设的现实意义在于：

第一，增强市辖区体制的稳定性。法治建设可以使市辖区体制建立在合法性的基础上，其最核心的作用就是保持其稳定性。前文所述，合法性的根本是符合社会普遍的价值标准，并能够得到社会的认同。市辖区体制的创立的初衷之一是为了提升城市治理效能，使城市公共服务供给机制更加优质化、均等化，更好服务于社会民众的，这是获得社会普遍认可的最为重要的条件，也是保证市辖区体制稳定性的主要来源。同时，通过法治建设完善市辖区体制的创制目标、运行程序、服务理念和发展规划，也可以增强社会对其的认可程度，进而使市辖区体制更加具有稳定性。

第二，提升市辖区体制的效能性。我国市辖区体制的设置初衷是优化城市治理，通过"分治"提升城市治理的精细化程度，进而实现城市治理效能的提升。随着市辖区体制的演变，其已经发展为一级行政建制和重要的行政区划，这意味着效能提升对市辖区体制的意义将更大。法治建设可以规范并完善市辖区体制从设计、运行到优化等一系列程序，使各项政策的制定与实施有章可循，减少不必要的矛盾冲突，降低行政成本，提升行政效率。同时，法治建设也能够使市辖区在面向社会服务的过程中，通过特定的规范与社会民众更好地"贴合"，畅通"诉求-回应"的过程，充分彰显市辖区体制设立的初衷，并进一步提升行政效能。

第三，突出市辖区体制的治理性。市辖区最大的职责就是推进城市治理现代化的发展，为现代城市提供更好的治理环境与治理服务。同时，市辖区直接面向社会民众，其治理行为直接影响到社会的认可程度。在法治建设的视阈下，可以通过调整相关法律法规，重塑市辖区的角色属性，使其职责范畴及功能定位从传统的管理向现代的治理转变，并从法定层面对其进行固定。寻求以法治建设的方式突出市辖区体制的治理属性，是依法构建并完善市辖区行政管理体制的重要方式，并且成为强化合法性基础的重要条件。

二、市辖区体制法治建设的不足

当前，市辖区体制法治建设方面还存在一些不足之处，归纳而言主要集中在立法和执法两个层面。

（一）立法层面的不足

立法方面主要是指关于市辖区体制具有支撑作用的相关法律法规制定还存在空缺，造成市辖区体制的依据性不足的问题。市辖区体制立法方面的问题贯穿于我国行政管理体制的发展进程。新中国成立初期，当时的中央人民政府政务院颁布《大城市区人民政府组织通则》《区人民政府及区公所组织通则》等文件，标志着通过立法的手段明确市辖区的性质、地位和作用等。1954 年第一届全国人民代表大会召开，颁布了我国第一部《宪法》，其中规定"直辖市和较大的市分为区"。这从根本大法的层面界定了我国市辖区的地位与角色，明确其为城市的重要组成部分。1955 年，《关于设置市、镇建制的决定》由国务院颁布，其规定"人口在 20 万以上的市，如确有分设区的必要，可以设置市辖区"。这份文件进一步明确了市辖区设置的标准是城市人口，同时也表明市辖区并非是每个城市必须要设置的行政建制。改革开放后，我国开始调整行政管理体制，1979 年第五届全国人民代表大会第二次会议通过《地方各级人民代表大会和地方各级人民政府组织法》，其中规定"市辖区为县级行政单位"。这从法律层面界定了市辖区的行政层级，市辖区就成为地级市下设的县级行政建制。1982 年现行《宪法》颁布，其中规定"直辖市和较大的市分为区、县"，这表示为了进一步从立法上细化市辖区的地位，将"直辖市"也纳入到了市辖区体制的法理范畴中。1985 年颁布的《国务院关于行政区划管理的规定》中明确"自治州、县、自治县、市、市辖区的设立、撤销、更名和隶属关系的变更以及自治州、县、自治县、市人民政府驻地的迁移"需要由国务院审批，而"县、市、市辖区的部分行政区域界线的变更，国务院授权省、自治区、直辖市人民政府审批；批准变更时，同时报送民政部备案"。这表明市辖区已经明确为一级行政建制并纳入到国务院管理的范畴中，正式成为行政管理体制中的一个重要层级与行政区划。

2018 年，第十三届全国人民代表大会第一次会议通过的《中华人民共和国宪法修正案》，其中依然有"直辖市和较大的市分为区、县"，这表明市辖区的法律地位的稳定性。2022 年，第十三届全国人民代表大会第五次会议对《地方各级人民代表大会和地方各级人民政府组织法》进行修改，修改后已经没有了"市辖区为县级行政单位"的表述。这又表明市辖区已经不仅仅是地级市下设的单纯的县级行政单位，在其行政层级多样化的同时，功能职责也潜在地发展变化了。通过梳理已有的关于市辖区的较为典型的法律法规，可以发现：一是立法层面关于市辖区体制的内容较为笼统。《宪法》中关于市辖区体制的表述较为笼统，将其界定为直辖市和较大的市的组成部分，与县的行政层级基本一致，并没有其他具体的概念、功能与职责的界定。《地方各级人民代表大会和地方各级人民政府组织法》《国务院关于行政区划管理的规定》等法律法规对市辖区的规定也相对较为笼统，没有细致性的规定。这使市辖区体制的缺少具化的操作性，调整的指导性也相对不足。二是对市辖区体制的立法内容放置于县级地方政府的法理框架中进行。各类法规及文件都将县、县级市和市辖区作为一类行政建制进行描述，并没有不同类型的县级地方政府的特征进行区别化的阐析，造成市辖区与其他县级地方政府的法理描述"同质"化和现实运行"差异化"的矛盾。三是立法层面并没有突出市辖区特殊的行政角色与治理作用。从当前关于市辖区体制的立法内容来看，一方面多是将其纳入在县级政府的框架中进行描述，另一方面则并未强调突出其城市治理型政区的特殊性。关于市辖区在城市治理中的行政角色定位及治理作用发挥，并无特定的法律法规进行规范，这对于市辖区在城市基层治理及现代化发展进程中的作用发挥是一个较大的限制。

（二）执法层面的不足

执法权是行政管理权的重要内容，是行政管理目标及过程的具化呈现。行政执法的水平代表了一个政府的现代化程度，也是其法治水平的整体呈现。市辖区作为城市基层治理的行政单位，其权限主要集中在执行方面，而行政执法就是基层治理行政单位执行权的核心。改革开放以来，中央一直在着力推进行政执法的改进与优化，并取得了明显的成效。但不可否认的是，行政执法依然存在诸多问题。法律法规是保障行政执法有效开展的重要依据，其完善程度直接关系到执法的有效性。目前，市辖区在执法层面面临的问题就可以从规制执法的规章文件出发，归纳为以下几个方面：

一是执法方面的规章文件不能及时适应经济社会发展的现实要求。当代中国，特别是进入中国特色社会主义新时代后，经济社会发展速率不断增加，城市治理的各项要求也不断提高，因此市辖区在执法方面的要求也越来越高。但是，当前很多规章文件不能及时有效地顺应经济社会发展的要求。一方面，各类规章和文件的起草、出台、修改及废止等需要一定的程序，这就与经济社会发展的速率之间产生了"时滞"。另一方面，因为经济社会发展的速率较快，政府制定执法方面相关规章和文件时所考虑的不够周全。同时，随着网络信息技术的快速发展，对规章与文件的制定发生重要影响。

二是执法方面的规章文件的实践协调性欠缺。规章文件出自不同的部门及不同层级的地方政府，因而立法的时间、立法的角度、立法的目标具有一定的差异性。同时，因为不同层级政府和部门之间存在利益诉求及对相应信息的获取的完成性也不同，造成执法相关规章和文件的具体内容与实践要求出现了不协调。市辖区在这种不协调性下，具体的执法过程中若出现模糊的情况就会通过请示市级政府及相关部门裁定，这样便造成市辖区执法的权限变为上级政府的指令，进而造成执法独立性的弱化。同时，市和市辖区之间的一些非正常的竞争和博弈也会随之产生，引起其他方面的问题。三是行政执法的规章文件过于"粗线条化"。当前，市辖区执法层面的部分规章文件过于"粗线条化"，即多为原则性规范，对于具体操作的指导作用并不是很强，甚至一些方面还不十分明确，这对市辖区执法的影响是很大的。目前还没有明确划定市和市辖区之间具体职责的法律法规或规章文件，因此市辖区的很多执法规范是根据市的要求来执行的，如果不能细致地划分并明确具体内容，就会造成执法随意行的增加。

　　同时，市辖区的执法的问题也在实践层面存在。通过机构改革及诸如"一支队伍管执法"等具体改革创新，市辖区的执法问题得到了极大的改善。但目前还是存在执法过程中市辖区权限受市过度制约，无法充分发挥辖区管理权的职责要求，出现执法权与管理权不匹配的现象。同时，因为市和市辖区的特殊关系，行政执法主体多元化、执法职责重叠或交叉等传统问题还是偶有存在。

三、强化市辖区体制法治建设的思路

　　鉴于法治建设的重要性，分析对当前市辖区法治建设存在的不足，可以尝试从结构、过程和监督等方面探索强化市辖区体制法治建设的思路，用以推进市辖区体制的优化完善。具体而言，结构方面就是通过机构职能体系的调整强化市辖区体制的法治化，将其嵌入体系；过程方面就是通过制定规范的行政程序使市辖区体制法治化融入运行；监督方面就是通过创新行政监督及问责机制将市辖区体制法治化纳入到规范轨道中。与此同时，关于市辖区一系列法律法规的制定建议，也是强化市辖区体制法治建设的重要内容。

（一）机构职能体系法治化

机构是职责的载体，市辖区的各项治理措施与属地管理任务都是依托特定的机构来完成的。市辖区机构设置的法治化对于市辖区体制法治建设具有重要的作用。市辖区机构设置法治化的核心就是要实现机构编制管理的法定化，即从机构设置、运行、调整及相关编制管理都纳入到法定的轨道。要按照现有法律法规的要求，进一步明确市辖区的政府职责，继续推动政府职能的有效转变，尝试在市辖区的基层治理中引入市场化的方式，提高治理效能。按照决策、执行、监督相协调的理念，以"三定"方案为基础，从法定的角度继续依法推进市辖区机构的"大部门化"，整合部门内设机构，解决机构部门间的职责重叠、职责不清、职责分离等情况，提升机构的行政效率，降低行政成本。进一步完善行政审批制度改革，市辖区应该承接更多符合其治理职责与治理能力的相关审批权限，建立行政审批及许可的规范标准，整合内容重复或交叉的审批事项，实现市辖区在行政许可和行政审批方面的法治化。同时，推进数字政府建设，将市辖区政府及其治理纳入到数字政府的框架体系中。在机构职能体系的法治化中，还要进一步厘清政府、市场与社会的关系，特别是市辖区政府要优化政企关系，完善社会诉求沟通渠道，拓宽政府治理的参与度。

（二）行政程序的法治化

市辖区的治理需要通过特定的行政程序来实现。行政程序大致可以分为决策、执行与监督。但从政府过程来看，决策和执行是行政程序的主导部分，为社会民众所关注。两者之间其实并没有绝对的"边界"，具有较强的关联性和贯通性。相较而言，行政监督是一种"闭环"性质的信息反馈及优化补救机制，与决策与执行之间并没有较强的贯通性，因此将在下一部分单独讨论。本部分讨论的市辖区的行政程序法治化，主要是指市辖区决策与执行过程中如何基于法律法规实现更加规范、科学、合理。

市辖区行政程序中的决策机制其实并不是其突出的要点，因为市辖区通常为县级行政单位，且作为城市治理的主要单元，其主要职责是执行，而不是决策。但这并不意味着市辖区没有决策，只是决策主要是在上级政府的顶层设计和整体决策下，结合本辖区治理的现实情况制定相应的方案和规划。因此，市辖区行政程序法治化的第一个要点就是从实际的角度对其决策机制进行完善。从决策的角度来看，市辖区行政程序的法治化要在明确市辖区功能定位的基础上，逐步增加社会公众的参与度。因为市辖区贴近城市基层，服务社会民众，所以其决策必然需要充分引入社会参与、专家咨询和普遍论证，使相关决策符合可行性、合理性和合法性。同时，进一步落实"谁决策、谁负责"的原则，明确权责关系与归属，这是行政程序法定化的一个重要措施。

市辖区的行政程序更多是区域决策的执行机制。从法治化的角度来看，市辖区的决策需要以三重法律法规为依据：一是法律，即立法机关制定并颁布施行的具有普遍约束力的各项法律。二是法规，主要是指国务院制定的行政法规和地方权力机关制定的地方性法规。三是规章，即具有立法权限的中央部委及地方政府所制定的部门规章和地方政府规章。同时，市辖区的执法还需要依据上级党委政府所颁布的具有法定约束力的各类文件。基于各类法律法规和法定文件的要求落实执行机制，是推动市辖区行政程序法治化的关键。值得注意的是，市辖区行政程序法治化，特别是政策执行的法治化并不意味着消除市辖区的行政独立性，而是要将其纳入到法治的框架下，减少人为因素的干扰，优化市辖区的行政程序。

（三）行政监督的法治化

市辖区在纵向上处于中高层政府与基层政府的"交汇点"，横向上是城市治理现代化的"分治"主体，因此行政监督是保证治理效能的关键。行政监督法治化的核心就是要在法律法规的框架下将行政监督落到实处，使行政监督与决策、执行更好地融合，形成相互协调的整体化运行机制。行政监督法治化的具体措施可以归纳为：一是增强行政监督的实质性，落实相关法律法规的具体要求，消弭流于表面的形式化监督；二是强化事前监督和事中监督，不能将监督全部纳入到事后监督的范畴中，要逐步从补救转向预防和控制；三是增加涉及基层事务的普遍性监督，特别是事关社会民众切身利益的方面。虽然有时觉得将监督力量聚焦于一些基层性的"小事"有些浪费监督资源，但因为市辖区的特殊性，基层事务直接影响到政府在人民群众心中的形象，所以必须要加以监督；四是将法律赋予的行政监督权力充分彰显，如质询、建议等，不断推进法定化行政监督的进程。五是要充分将行政监督进一步纳入到法治化程度，强化监督效果，并进一步拓展监督渠道，建立社会监督与行政监督的融合机制，建立"广口径"的监督模式。与此同时，还需要完善行政问责制度，对于监督中发现的问题要依法进行追责，使监督能够实现具体的反馈，充分保障监督的作用。

为了能够更好地推进市辖区体制的法治建设，还需要从完善法律体系的角度出发，修改、完善甚至制定特定的法律法规。如可以研究制定专门的《市辖区组织法》，针对目前对于市辖区的法律规定较为笼统且指导性操作性偏弱的情况加以调整。同时，为了使市辖区的功能得到更好的发挥，还可以对地方组织相关法律法规进行修改完善，并研究制定诸如《地方政府关系法》等法律加以辅助支撑。市辖区体制的法治化建设是一个系统性的工程，需要多方协力推动。

第二节　完善市辖区公共财政体制

政府履行各项职能需要有物质条件的支撑，公共财政就是保证政府运行的物质条件。公共财政是市场经济的产物，同时也推动市场经济的运行和发展。公共财政可以理解为是国家或政府为市场提供公共服务的分配活动或经济活动，是与市场经济相适应的一种财政类型和模式。[1]在中国特色社会主义市场经济体制下，市辖区体制要实现治理化转型，更加符合城市治理现代化的需要，就必须要对公共财政体制进行完善。

一、市辖区公共财政体制的发展

市辖区公共财政体制的发展和演进是蕴含于我国财政管理体制发展的大背景中的，要完善市辖区公共财政体制首先需要梳理我国财政管理体制的发展历程。

（一）我国财政管理体制的发展演变

新中国成立后，我国的财政管理体制经过多次调整变革，经过不断地探索和发展，逐步形成了当前的财政管理体制。

1. "统收统支"的财政管理体制（1950）

有一种普遍的认识，认为新中国成立后到改革开放前，我国的财政管理体制是高度集中的"统收统支"。这种认识不能说是错误的，因为"统收统支"是计划经济时期的财政管理体制的基本框架，即使后续进行调整，也是在该框架下进行的。但是这种认识从严格意义上说是不严谨的。从财政管理的角度，真正意义上的"统收统支"应该就在1950年实行，其后到改革开放初期，我国都是在"统收统支"的基本框架下实行"分级管理"的财政管理体制。

1950年3月，中央人民政府政务院颁布《关于统一国家财政经济及工作的决定》，明确要求财政收支的管理权限划归中央。同时，《关于统一管理1950年度财政收支的决定》也明确要求将各项收入（如公粮和城市收入），基本都集中到中央，地方收入主要是地方的附加粮和部分

1　张馨：《公共财政论纲》，商务印书馆2021年，第5页。

地方税。同时，财政管理权限也集中于中央，所有的财政收支科目、程序、标准，以及税收的税则、税目、税率，甚至征收公粮的额度，均由中央统一划定。财政支出也由中央统一审核，并实行逐级划拨的制度。可以说，在"统收统支"的财政管理制度下，地方政府的财政收支基本"脱钩"，这对于地方的积极性和地区工业发展具有一定的影响。

2. "划分收支、分级管理"的财政管理体制（1951—1957）

1951年3月，为解决"统收统支"出现的问题，中央人民政府政务院颁布《关于1951年度财政收支系统划分的决定》，开始对之前的财政管理体制进行调整。通过调整，建立了"中央-大区-省（市）"三级的财政体制，并明确将国家财政收入划分为中央和地方两个范畴，形成中央财政收入、地方财政收入和中央与地方留缴收入（留缴比例根据各地实际情况而定），地方财政每年由中央核定一次。在农业税的超收部分也实行中央与地方的分成，地方工业利润可以用于发展地方的工业。1953年，国家财政管理体制调整为中央-省（市）-县（市）三级，大行政区划的财政支出列入到中央财政中。1954年，中央撤销大行政区，并提出财政工作"六条方针"，逐步扩大地方财权，并对财政体制再次进行改造，将财政收入分类分成，形成固定收入、固定比例分成收入和中央调剂收入的模式。同时，确定"支出包干，以支定收"，实行收支挂钩。

3. "以收定支、五年不变"的财政管理体制（1958）

1958年，我国财政管理体制从"以支定收，一年一变"改为"以收定支，五年不变"，进一步细化财政收入的分类分成，将财政收入分为地方固定收入、企业分成收入和调剂分成收入，并以1957年的预算为基数，划分地方收入与支出。地方收支分成比例确定后，原则上五年不做调整。若地方固定收入能够满足正常支出的，除去支出外的结余按照一定比例上缴中央；若地方固定收入不能满足常规支出的，则划拨部分企业分成收入，结余的部分按照一定比例上缴中央；若地方固定收入无法满足常规支出，且分成收入仍不能满足支出需要的，由中央以专项拨款的形式进行补助。1958 年的财政管理体制调整扩大了地方的财权，进而激发了地方积极性，但由于当时"大跃进"等特殊原因，仅仅维持了一年便中止了，原有的"以收定支，五年不变"改成了"收支下放，计划包干，地区调剂，总额分成，一年一变"。

4. "总额分成，一年一变"的财政管理体制（1959—1970）

1959 年，"收支下放，计划包干，地区调剂，总额分成，一年一变"的财政管理体制开始实行，除中央直接管理的企业收入和不适合由地方征收的收入外，其他基本下放给地方。地方的财政收支指标、分成比例和补助额度均由中央每年核定。1961 年，中央颁布《关于调整管理体制的若干暂行规定》，回收了一些过去大规模下放的经济管理权力，把权力重新集中于中央。在上收财权的同时，中央对税收管理权也进行了整顿，地方对税率的决定权和减免权也被严格限制。1968 年，由于受到"文革"的影响，财政管理制度一度陷入混乱，并在一定程度上回归到之前"统收统支"的体制。

5. "定收定支，收支包干"的财政管理体制（1971—1973）

1971 年 3 月，财政部颁布《关于实行财政收支包干的通知》，自当年起实行"定收定支，收支包干，保证上缴（或差额补贴），结余留用，一年一定"的财政管理体制。管理体制调整后，财政收入方面，除中央直接管理的企业收入、海关收入外，其余全部划归地方。财政支出方面，除中央直接管理的基本建设、国防装备、对外援助和国家物资储备等外，其余全部由地方统筹管理。地方预算的收支总额，需要经过各级地方政府的建议，由中央进行核定。若财政收入大于支出的，按照绝对数包干上缴；若财政收入小于支出的，则由中央按照差额包干给予补贴。其中，上缴或补贴的数额在确定后，原则上不进行调整，均由地方包干使用。

6. "财政收入固定比例留成"的财政管理体制（1974—1975）

在"文革"的影响下，国家经济形势发生重大波动，财政包干体制已经难以有效执行。1974 年，针对现实情况，在全国开始实行"财政收

入固定比例留成"的财政体制。"财政收入固定比例留成"就是指地方
负责组织的收入中，以全年预算收入指标为基础，分别确定比例留成，
作为地方的机动财力，地方留成的比例一般不超过30％。而超出的部分
则按照核定的指标由中央拨付，包干使用，结余不上缴。"财政收入固
定比例留成"在华北、东北和江苏省试行，其主要目的是确保地方拥有
一定的机动财力，并且鼓励地方增收超收，提升与中央分成的比例。但
是这个管理体制依然是支出与收入不挂钩，地方"负盈不负亏"的问题
依然存在。

7. "定收定支，收支挂钩，总额分成，一年一定"的财政管理体制
（1976—1979）

1976年，地方财政支出开始与收入挂钩，实行总额分成、一年一定
的财政管理体制。中央核定地方的收支总额，并将支出占收入的比例作
为地方分成的比例。在预算执行中，地方多收就多支，少收就少支，实
行定收定支，收支挂钩，自我平衡。这一财政管理体制与1959年的
"总额分成"体制具有相似之处。该类型管理体制主要是为了恢复"文
革"造成的经济"创伤"，推动国民经济的恢复，具有过渡性质。

8. "划分收支、分级包干"的财政管理体制（1980—1993）

改革开放后，我国着手对财政管理体制进行结构性、系统性的调
整，使其能够适应改革开放总体要求及经济体制改革现实要求。这一时
期财政管理体制改革主要围绕"分灶吃饭"的分级包干体制展开，其间
根据现实需要不断进行调整优化，无法进行细致化的划分，所以纳入到
"划分收支、分级包干"的整体框架下进行阐述。

1980年2月，国务院颁布《关于实行"划分收支、分级包干"的财
政管理体制的暂行规定》，对中央和地方的财政关系进行重大调整，依
据行政隶属关系，明确划分中央与地方的财政收支范围，将原来的"大
锅饭"体制逐步转变为"分灶吃饭"的体制，即地方以收定支，自求平
衡，包干使用，但北京、天津和上海不在这一调整范畴内。本次财政体
制调整按照企业、事业单位的行政隶属关系和支出性质进行收入分类分

成，并按照划分的收支范围确定各地区包干的基数和标准。改革后，我国各地的财政管理模式大致呈现为四个类型：一是"划分收支，定额上缴或定额补助"，这主要是在广东和福建实行；二是"固定比例包干"，江苏实行该模式；三是"划分收支，分级包干"，四川、陕西、湖南、安徽、浙江等15个省份实行该类模式；四是特殊地区的特定模式，内蒙古、新疆、西藏、宁夏、广西、云南、青海、贵州实行特定模式。特定模式主要是保留对民族自治区和特殊地区的照顾政策，参照前三种模式划分收支范围，并确定中央补助的额度，实行"一定五年不变"。同时，地方财政收入的增长部分全部留给地方，而且中央拨给地方的补助每年递增10%。

1983年，国家开始推行"利改税"，即企业上缴利润改为向国家缴纳企业所得税。"利改税"使国家财政收入的结构发生变化，并重新调整中央与地方、政府与企业之间的分配关系。在"利改税"后，1985年国务院开始实行"划分税种，核定收支，分级包干"的财政管理体制。根据"利改税"后的税种划分中央和地方的财政收入，将收入分为中央财政固定收入、地方财政固定收入、中央和地方共享收入。以行政隶属关系为划分依据，凡是地方固定收入大于地方支出的，定额上交中央；地方固定收入小于地方支出的，从中央与地方的共享收入中确定一个分成比例，留给地方；地方固定收入和中央、地方共享收入相加还不足以应付支出的，中央定额补助。

1988年，为了应对财政赤字和财政管理困难的局面，国务院颁布《关于地方实行财政包干办法的决定》，该决定明确全国39个省、自治区、直辖市和计划单列市实行财政包干。除广州、西安两市财政关系仍分别与广东、陕西两省联系外，对其余37个地区分别实行不同形式的包干办法。具体为收入递增包干、总额分成、总额分成加增长分成、上缴额递增包干、定额上缴、定额补助等。

9."分税制"财政管理体制（1994—　）

"财政包干"的体制改变了"统收统支"体制的弊端，扩大了地方的财力，提升了地方积极性。但同时，也造成了一系列弊端，如中央财政收入比重下降，宏观调控能力弱化；财政包干制形式过于多样化，地区间苦乐不均；地方重复建设及地方封锁、"保护"的现象突出，影响统一市场的形成与发展等。为了扭转财政包干制下中央财政收入占全部财政收入比例持续下降的问题，并解决中央与地方财政关系、税制关系、地方财政管理规范性等问题，1993 年 12 月，从社会主义市场经济体制建设的角度出发，国务院出台《关于实行分税制财政管理体制的决定》，开始实行"分税制"财政管理体制。分税制将国家的税种在中央和地方之间进行划分，进而确定中央和地方财政收入的范畴。基于此，明确中央和地方的财权与事权，建立中央与地方的财政税收体系。

从财政收入的角度来看，根据中央与地方税种划分、事权划分和管理权限划分等，依托中央税、地方税和中央与地方共享税，将财政收入分为中央固定收入、地方固定收入和中央与地方共享收入。从财政支出的角度来看，形成中央财政支出和地方财政支出两个系统。从税收管理的角度来看，分成国家和地方两套税务征管机构。同时，建立中央对地方的财政转移支付机制。

分税制的实行调整了中央与地方的财税分配关系，调动中央与地方两个积极性，增强中央宏观调控能力，促进国家财政收入合理增长与公平配置。同时，进一步推动社会主义市场经济的发展，推动政府职能转变，厘清政府与市场、政府与社会、政府与企业的关系，推动地方间、地区间的协调发展。

（二）市辖区财政管理体制的发展

市辖区作为我国重要的行政区划和地方行政单位，其财政管理体制的发展必然是蕴含在我国财政管理体制发展的"脉络"中的。因此，对市辖区财政管理体制发展的梳理也必然需要依照我国财政管理体制的阶段性划分来进行。

1."统收统支"与"分级管理"下的市辖区财政管理体制

"统收统支"的体制下，财政管理权限高度集中于中央政府，财政管理的各项政策、程序、项目、标准等均由中央政府制定，地方并无财政管理权限。地方的一切收入全部上缴中央，中央根据地方的需要再逐级下拨。在这样的体制下，作为城市治理单元的市辖区也没有财政管理权限，因而也就不存在公共财政体系。在这种财政管理体制下，市辖区所扮演的角色更像是其所在辖区的财政"出纳"，只是负责核算基本的收支情况。在"分级管理"的体制下，计划经济依然将国家财政的管理权力高度向上集中，地方并没有较为固定的财政管理权。同时，根据地方政府的行政层级及行政区划进行预算级别划分。市辖区所处的行政层级较低，且行政地位特殊，因此其并没有较多的财政管理权。加之这一时期市辖区体制不完善，城市化进程较为缓慢，市辖区对于所属市的财政依附性很大，没有形成一级财政预算，因此也就没有所谓的市辖区的公共财政。

2."分级包干"下的市辖区财政管理体制

"划分收支、分级包干"是改革开放后中央不断调整财政管理体制，向地方下放权限以求激发活力的体制。尽管中央尽可能地向地方下放一定的管理权限，但是在计划经济转轨的特定时期，依然无法使公共财政关系进入法治化、现代化的"轨道"，政府间财政关系具有较为浓重的行政性和计划性特征。一是这一时期财政体制具有较强的波动性。在改革开放后十多年间，政府间的财政管理体制经过三次较大规模的调整，形成了数十个财政管理模式，并在不同地区间运行，这对于地方政府，特别是较为基层的政府是有很大影响的。市辖区作为城市基层治理的行政单位，同时肩负着县级政府的基本职能，在财政管理体制波动较大的阶段，其职能的发挥和职责履行也受到很大的影响。因此，城市治理也直接或间接受到不同程度的影响。同时，由于不同地区财政管理体制具有差异性，这也影响到不同地区市辖区的行政行为和治理效能。不过，这种波动性也可以理解为是改革开放后的财政管理体制不断调适的体现。二是权限下放的局部性。在这一时期，中央虽然尝试通过多种形式向地方下放权限，刺激地方的积极性和活力，但下放的权限多集中于省市，基本上不太能下放到县级和基层。从这个角度来看，下放的权限其实可以视为集中在省市一级，甚至主要是省级层面，这也可以视为一种管理权限的集中，体现了权限下放的局部性。市辖区在这种情况下，实际仍处于一个没有权限，或者说下放权限没有到达的层级。这样造成的一个直接后果就是市辖区的财政依然和市"捆绑"，甚至成为市的"附属"。市辖区没有独立且稳定的财政来源，城市治理中的相应职责就无法有效且充分地履行。三是财权与事权的不平衡。改革开放后，经济社会发展中的各项治理性事务不断增加，各类事务通过纵向的行政层级逐步传递到较为基层的县级或乡镇政府层面。但是政府间财政管理权限的下放又是具有局部性的，因此就出现了市辖区层面财权与事权的不匹配，为了完成相应的任务，市辖区就会通过一些特定的方式获得财政收入。一方面市辖区财政资源捉襟见肘，另一方面又通过一些非常规的方式获取财政资源，进而引发其他相关问题。

3. "分税制"下的市辖区财政管理体制

"分税制"的推行不仅是对我国中央与地方财政关系的一次重大改革，更是推动我国政府间纵向关系的变革。"分税制"具有非常明显的积极性，增强了中央的财政收入，进而提升中央宏观调控能力。同时，激发地方的积极性，使地方的活力充分发挥。市辖区在"分税制"的改革下，其作为县级行政建制和城市治理单元，开始享有一定的财政管理权限，财政资源得以扩充，治理职责能够较好地履行，特别是城市化进程中一系列的基础设施建设，都能够在市辖区的主导下进行。但是"分税制"并没有协调好省级以下各级地方政府之间的收支划分，进而使得县级政府的大部分税源被上收，但事权范畴却不断扩大。从市辖区的角度来看，随着"分税制"改革的推进，税源归属的调整以及一些税则税目的变化，使市辖区的收入结构明显"上移"，财政资源减少，"自给率"降低。但同时相应的事权却不断增加，事权范围随着政府职责的拓展而不断扩大，这就造成赤字和负债的增加。为了有效解决这个问题，市辖区在内的地方政府就借助"土地财政"等方式进行弥补，但这又引发了其他的相关问题。"分税制"的问题在一定程度上放大了市辖区体制的问题，引发城市治理的困点，因此需要在完善公共财政体制的基础上推动市辖区体制的优化。

二、完善市辖区公共财政体制的现实意义

现代政府最为核心的职能就是服务公众，支撑政府服务的财政也必然具有公共性。公共财政体制的完善是行政管理体制改革的重要内容，也是现代政府发展的核心要素。公共财政是市场经济的产物，是国家财政现代化的呈现。公共财政通常具有公共性、服务性等特征。

党的十六届三中全会审议《中共中央关于完善社会主义市场经济体制若干问题的决定》，其中提出要完善财税体制，并将其作为中国特色社会主义市场经济体制建设的重要内容。党的十七大报告中，明确提出要"完善公共财政体系"，并将其作为促进民生发展和基础服务均等化的前提条件。党的十八届三中全会通过《中共中央关于全面深化改革若干重大问题的决定》，其提出"深化财税体制改革"，着重明确建立现代财政制度的要求。这是进入中国特色社会主义新时代后，公共财政体制完善与发展的重要标志。党的十九大，对现代财政制度的建设提出明确的部署，要求"加快建立现代财政制度，建立权责清晰、财力协调、区域均衡的中央和地方财政关系。建立全面规范透明、标准科学、约束有力的预算制度，全面实施绩效管理。深化税收制度改革，健全地方税体系"。党的二十大，对公共财政体制的完善提出了更加明确且具体的要求，即要在"构建全国统一大市场"的基础上，"健全现代预算制度，优化税制结构，完善财政转移支付体系"。公共财政体制对于我国政府治理的现代化发展具有重要的作用，也直接关系到公共服务和民生保障等现实问题。市辖区作为我国城市治理重要的基层行政单元，其同时肩

负了推进治理现代化和民生服务建设的双重任务。因此，市辖区体制改革必须要立足于公共财政体制的完善。

（一）推进新时代城市治理现代化

城市治理现代化是国家治理体系和治理能力现代化的重要组成部分，直接关系到国家治理现代化的进程。同时，城市也是人们集中生活的地方，是人们物质需求和精神需求的重要载体。"城市不单单是若干个体的聚集，也不单单是街道、建筑、电灯、电车、电话等社会设施的聚集；同样，它也不单单是各种机构与行政管理设置——诸如法庭、医院、学校、警察，以及各部门的公职人员——的汇聚。它更是一种心智状态，是各种风俗和传统组成的整体。"[1] 城市治理不能只靠基础设施的建设，更需要将治理的理念融入其中，使城市宜居宜业。城市治理是一项复杂的工程，需要将城市的规划发展与人民群众的现实需求相结合，突出城市治理的精细化与科学化。如此繁杂的治理，单靠一个城市政府是无法完成的，需要通过划分区域进行治理事务的"分包"，并依托区域联系居民，使城市治理的"情感"更加饱满。

市辖区作为承担城市治理现代化重任的行政单元，其主要任务聚焦于两个方面：一是城市的基础建设；二是城市的人文发展。一方面，市辖区要承担辖区内城市治理方面的基础设施规划、建设及维护，保证城市治理的正常运行，并推动基础设施的现代化发展。另一方面，市辖区需要对辖区居民的基本需求和基础保障进行管理，如安全、社保、教育、娱乐、交通等，这是增加城市治理"温度"的重要方面，也是城市治理精细化的核心内容。从现实的角度来看，支撑市辖区基础设施建设和城市人文发展两项基本职责有效履行的基础就是公共财政，如果没有财政的支持就无法实现两大基本职责。在一定程度上，公共财政是将市

---

1 ［美］罗伯特·E. 帕克：《城市：有关城市环境中人类行为研究的建议》，杭苏红译，商务印书馆，第5页。

辖区"嵌入"到城市治理的重要"抓手"，是塑造并优化市辖区体制的重要力量。

（二）　建设市辖区政府职责体系

建设并完善政府职责体系是我国现代政府建设的重要目标，也是进一步推动政府职能转变的核心要求。政府职责是政府职能的细化，是明确一级政府"应该做什么"，以及具体事务"应该由谁做"的问题。我国地方政府层级较多，且类型多样，因此相应的政府职责也有所差异。市辖区作为一级行政建制，其必然具有明确的政府职责。同时，市辖区又是城市政区，这使其政府职责具有一些特殊性。计划经济时代，市辖区没有相对独立的资源配置和财政管理的权限，因此其政府职责的范畴划分和现实作用不是很突出。改革开放后，经济社会体制不断发展，特别是社会主义市场经济体制建立与完善，要求各级政府逐步明确政府职责，减少职责的交叉，市辖区的政府职责范畴划分也就重要起来。市辖区是蕴含于城市行政管理体制中的政区，因此其职责体系也必然要融合于城市的职责体系之中，即以城市职责为依据，建构以城市治理为核心的职责体系。

政府职责的履行需要由特定的财政支持，或者说公共财政体制的结构影响政府职责体系的塑造。一方面，通过公共财政体制可以明晰市辖区政府与市场的关系，即以财政为导向，对辖区的政府职责及城市政府职责体系进行完善。例如通过公共财政的导向作用，界定市辖区政府应该做什么，能够由市场承担的职责就交给市场承担，减少行政支出。同时，界定哪些是社会的职责，增加社会的自治程度，减轻市辖区政府的行政压力。另一方面，明确市和市辖区分别应该承担何种职责，其内部各部门应该承担何种职责，促进政府内部职责的清晰化，推进"有为政府"的建设。公共财政是政府职责的"指挥棒"，通过财政体制的完善可以推动城市政府职责体系的完善。

（三） 优化市辖区的财政困局

由于市辖区的行政角色与功能定位，大部分市辖区的财政是与所属城市的政府绑定在一起的，加之受到"分税制"及当前财政转移支付制度的影响，市辖区的财政较为紧张。同时，市辖区承担较多的基层治理职责，其行政事务不断增加，治理责任也不断变大。这两方面问题的"叠加"引起市辖区的财政困局：财政的有限性与责任的无限性使财政供养人员数量，特别是编外人员数量逐步增加，市辖区不同程度出现"吃饭财政"的现象；市辖区财权与事权的不匹配性增加，形成治理任务与支撑资源的"错位"，造成治理效能降低；市辖区内的基础性支出比例降低，基本公共产品供给质量及均衡化受到影响等。

公共财政体制的完善可以有效缓解市辖区的财政困局：一是进一步规范以市辖区为中心的上下级政府的财政关系，根据事权和支出责任进行市区两级财政配置，从现实财政情况和实际承担的事务职责来划定市辖区的支出规模。二是根据市辖区的类型，以财政为导向建立不同的公共服务供给要求，基于不同地区的实际情况出发，具体问题具体分析，不搞"一刀切"，也不搞"一风吹"，而是根据各地的财政情况来实现公共服务的均等化。三是完善政府间财政转移支付制度，根据不同阶段的具体情况建立动态的财政资源配置机制，最大限度地调动市辖区的财政积极性。

（四） 推进市辖区体制整体发展

公共财政体制完善的最终落脚点是推动市辖区体制的整体发展与改革优化。第一，公共财政体制的完善是市辖区实行治理的基础。市辖区的任何治理目标及治理行为都是建立在财政基础上的，如果没有财政的支持，那一切都是纸上的规划和设想，无法在现实中落实。公共财政体制的完善可以给市辖区提供匹配的财政支持，对于其治理理念在实践中的贯彻具有决定性的作用。第二，公共财政体制的完善有利于理顺地方政府间关系。从城市治理的角度来看，市辖区处于地方政府间关系的中间层级，发挥着上承下达的枢纽性作用。我国政府间关系不存在一些西方国家政府间关系中的政治博弈，其主要的竞争是通过经济关系及其相关的行政关系呈现的，财政是政府间关系的核心。公共财政体制的完善对理顺地方政府间关系具有重要作用，减少人为性的和过度行政性的干预，使其更加规范化、科学化。第三，公共财政体制的完善可以优化政府结构，有效规制市辖区的政府规模。政府规模主要包括组成一级政府的机构部门及人员编制数量。市辖区处于整个政府体系中较为基层的行政层级，同时承担了传统县级政府和城市治理单位的双重任务，因而会出现诸如"编外扩张"等现实问题，造成财政负担，降低行政效率。公共财政体制的完善，可以从源头上对政府规模进行规制，控制市辖区政府在机构部门及人员编制（编外人员也需要财政支持）上的总量，从而实现体制优化。公共财政体制是市辖区体制改革的"抓手"，能够从最务实、最直接的角度找到市辖区体制的困点并有效治理，进而推动市辖区体制的改革发展。

三、完善市辖区公共财政体制的进路

社会主义市场经济体制确立以来，我国公共财政体制的发展取得了巨大的进步。公共财政体制的建立与发展，调整了政府间财政关系，增强了中央政府的宏观调控能力，平衡中央与地方的财政收支"轨道"，对于调动"两个积极性"有着重要的作用。但是公共财政体制依然还有需要进一步完善的方面，如政府间事权与财权的不匹配、省以下财政管理体制存在局限等。公共财政体制对市辖区的发展具有重要的影响，因此需要通过进一步完善公共财政体制实现市辖区体制的改革创新。

（一）完善财政管理体制

以当前"分税制"下的财政管理体制为基础，从市辖区的视角出

发，通过完善财政体制保障市辖区体制改革与发展的推进。

首先，要进一步规范界定市辖区财政支出范畴。基于社会主义市场经济体制的各项基本原则，依托分级管理，科学界定中央与地方的事权与支出责任，这是规范界定市辖区财政支出范畴的先决条件。进而依据中央与地方事权与支出责任的划分，界定并完善市辖区的财政支出范畴。原则上，属于市的事权范畴的，财政支出肯定由市级政府承担。属于市辖区事权的，则划入市辖区财政支出范畴。属于市和市辖区共同承担的事权，通常也划入市级政府的财政支出范畴。如果相关事权较为具体或特殊，则根据事权的具体性质在市和市辖区间划分财政支出范畴，并细化比例。如果市辖区财政不足以支撑其相应支出范畴的，应该经过综合考量，对其进行一般性转移支付予以补助。

其次，要尝试对市辖区的税收征管权限进行优化。2018 年党和国家机构改革，将"国税""地税"进行合并，调整了税收征管机构，强化了税收管理。但是在分税制下的地方政府，特别是行政层级相对基层的政府，其在税收征管权限方面依然需要进一步调整。因此，"要完善地方税体系，逐步建立地方主体税种，使地方政府承担的公共服务有稳定的资金来源"[1]。从市辖区的角度来看，可以参照中央对省级政府税收征管权限划分的模式，将征管权限的调整深入到市、区层面，特别是可以尝试将一些区域性较强且不影响国家发展大局的税种划归到省级以下政府管理。特别是税收征管机构改革后，市辖区的税收征管制度与其他县级政府相比，更需要进行自上而下的调整优化。同时，在合理界定省、市及市辖区事权的基础上，进一步细化省级以下各级地方政府的支出责任，合理调整各级政府的财政关系与资源配置，结合地区的具体情况，对特别地区进行一定程度的政策倾斜。

再次，改进涉及市辖区的财政转移支付制度。财政转移支付制度是推进公共服务均等化及平衡地区间财政资源差异的一个重要措施。目

---

1 《十八大以来重要文献选编》（上），中央文献出版社 2014 年，第 598 页。

前，中央的财力及相应资源调控能力已经很强，基于当前地方政府事权和支出范畴不断拓展的现实情况，中央可以进一步加大对地方的财政转移支付力度，规范省以下财政转移支付制度，特别是对市辖区这一具有特殊性质的行政建制加强转移支付，保证地方各级财政的均衡稳定。

（二）优化财政支出结构

从公共经济学的角度来看，财政支出是衡量一级政府规模的重要标准，也是测定政府职能履行效能的核心指标。现代政府需要提供公共产品和公共服务，参与社会资源分配，最大限度地合理调配资源，使其满足社会的各项需求。因此，优化财政支出结构就是完善市辖区公共财政体制的重要内容，也是财政体制"公共性"的直观呈现。在社会主义市场经济体制下，属于社会公共性需求的产品和服务都应该纳入到财政支出范畴中，而不属于社会公共性需求的产品和服务则尽可能地交给市场解决，由市场机制进行选择和调节。基于社会主义市场经济的基本原则，市辖区财政支出机构优化的主要措施为：一是市辖区更多负责公共产品与公共服务方面的支出，减少辖区内规模性的基础建设类的财政支出。市辖区的财力有限，其财力应该集中于公共产品和公共服务供给，相应规模性的基础建设类项目应该由市级政府统筹完成，不能将其作为市辖区的核心任务。基于此，将市辖区的财政支出导向转变到基础服务方面，使其从基础建设类的项目中退出，在减少财政支出的同时也相应减少不必要的项目竞争。二是减少市辖区财政支出中的行政性支出。市辖区的管辖范围有限，且相对较为固定，可以减少不必要的行政性支出，特别是诸如会议费、接待费、交流费等。同时，还需要将一些行政事务交给社会组织或交由市场来履行，防止出现"事无巨细"都归纳到市辖区政府行政范畴内而造成的行政性支出增加。与此同时，可以将结余的行政性支出投入到文化、教育、卫生、社保等具有公共服务性质的领域，用以提升市辖区城市治理职责的履行效能。三是针对市辖区财政资源相对不足的现实，通过"节流"实现财政资源的节约，配合上财政转移支付，强化市辖区的财政功能。

（三）改进财政监督机制

财政监督对财政资源的来源、使用、配置等进行规范，是保证财政收入有效增长与财政支出规范合理的重要保障性机制。同时，财政监督对于依法行政也具有积极作用。财政监督可以从"宽窄"两个口径进行理解。"宽口径"的财政监督主要包括权力机关、政协组织、行政机关、社会团体、人民群众等多方面的监督；"窄口径"的财政监督则主要是指各级行政机关对财政的内部监督机制。从市辖区的角度审视，改进财政监督机制应该通过"宽窄"结合的方式进行。一方面，对市辖区的财政预算进行监督。强化市、区两级人大对市辖区财政预算的法律监督，依据《预算法》的规定增加财政预算的透明性、公开性，并对其规范性、科学性进行审核。建立市辖区财政预算的全过程监督机制，即对财政预算的科学性、合理性进行前期论证，并在决策过程中参与旁听，对预算执行进行适时修正，同时对预算执行结果进行评估。在财政监督过程中发现问题，需要根据相关法律法规及时追责问责。市辖区的管理幅度和管理层次总体不大，这是具有可行性的财政监督方式。另一方面，对市辖区财政收入与支出情况进行监督。根据法律法规，进一步强化依法征税、依法治税，规范税收征管流程，保证财政收入的稳定性。同时，对上级政府的财政转移支付的入库及使用也要及时监督。对财政支出项目进行审计监督，及时发现问题，找补漏洞，总结经验，防止出现违法违规的财政支出现象的发生。

第三节　行政管理体制的综合调整

市辖区是我国政府体系中的重要行政建制，市辖区体制也必然蕴含于我国行政管理体制之中。要实现市辖区体制的改革创新，不能仅对市辖区体制本身进行调整，还需要从与其相关的行政管理体制入手，进行综合调整。通过"市县分立"实现市单辖区，突出市辖区的本质属性。在精细化治理的导向下，通过改革城市行政层级实现行政管理体制"扁平化"和"效能化"。依托政府职责体系推进市辖区机构体系的"大部门化"，减少职责重叠，降低行政成本，提高治理效率。

一、"市县分立"下的市单辖区改革

"市县分立"是针对目前的"市管县"体制的一个改革设想。"市管县"又称"市领导县"，是指以经济比较发达的中心城市作为一级政权来管辖周边的一部分县、县级市的体制。[1] 具体而言，"市县分立"就是指通过改革现有的"市管县"体制，将县和市都置于省级行政区划的管理之下，解除市、县之间的隶属关系，进一步明晰市、县的本质属性。"市县分立"后，市主要管理现有的市区及城市化进程较为明显的相邻的郊区，县则管理城市化程度不高的广大农村地区，市和县都由所属省级政府直接管辖。基于"市县分立"可以进一步推行两个行政管理体制方面的改革：一是"省直管县"。"省直管县"就是指县直接划归省级政府管理，不再归属地级市代管。这是我国行政管理体制改革的必然趋势，也是政府治理现代化的重要内容。目前，发达的交通和信息传输技术，已经能够保证省级政府的管理幅度与管理层次充分满足"省直管县"的硬件要求。同时，社会主义市场经济的发展与完善，也将省级政府从繁重的计划事务中解脱出来，能够有充分的精力来管理县。与此同时，一些县经过城市化的发展已经改设为市辖区或县级市，因此需要由省级政府直接管理的县并没有之前想象的那么多了。二是城市类别"同一化"改革。若进行"市县分立"改革，就必须要对我国的市制进行相应调整，而将市的类别进行"同一化"改革是首先要

1　朱光磊：《当代中国政府过程》，天津人民出版社 2008 年，第 296 页。

解决的问题。所谓类别同一化是指"市县分立"后，除直辖市外，不再进行现有的副省级市、普通地级市和县级市的类别划分，将不同类别的市同一划入到"市"的概念中，法律地位一律相同，不再加以非正式化的区分。"省直管县"和市的类别"同一化"有助于"市县分立"的推进，进而也有助于将市辖区的角色从原有县级政府的概念中"剥离"出来。值得注意的是，"省直管县"和市的类别"同一化"必然涉及省级行政区划缩小及不同类型的市及其负责人行政级别的问题，该问题是一个较为系统且复杂的问题，独立性较强，因而不在本书中赘述。

"市县分立"对于市辖区体制改革的作用主要在于推进市辖区在本质属性上的回归，即将市辖区的行政角色定位为城市的主要管理者和治理者，这就是在"市县分立"下推进市单辖区改革。顾名思义，"市单辖区"就是指市只下辖市辖区，不再下辖和代管其他类型的行政区划。"市县分立"下的市单辖区主要有以下特征：一是市辖区基本要与城市政区重合，不再为了拓展城市规模而通过行政手段增设市辖区，防止出现市辖区设置偏离初衷属性的现象。二是要严格根据城市化的客观数据和现实情况，增设市辖区，不能为了盲目吸纳资源，进行地区间竞争和博弈而设置市辖区。市单辖区对于市辖区体制改革具有重要的意义：一方面，能够最大限度地减少甚至消弭城市治理过程中的城乡发展摩擦，专注于城市治理工作。另一方面，市辖区的行政功能得以恢复到初始定位，并且明确在城市治理中的角色属性，更好地参与到城市治理现代化的各项活动中。

二、"治理效能"导向下的城市治理层级改革

市辖区体制改革的一个重要目标就是提升城市治理的效能，而提升治理效能的重要方式就是优化城市管理层级。当前，我国城市管理呈现为"两级政府、三级管理"的模式，即市、市辖区两级政府，市、市辖

区、街道办事处三级管理。因为街道办事处从法律意义上说是市辖区的派出机关，不是一级行政建制，因此不能算是"一级政府"。但街道却在城市治理中实际发挥着一级政府的作用，因此在民众心目中它就是一级政府，因为它直接参与到基层治理和公共服务的各项治理事务中。同时，各城市还设置了社区居民委员会，划归不同街道管理，其从法理上被界定为是城市居民基层自治组织。但社区却作为基层治理的主要主体参与到城市治理中，成为城市治理政策落实的"终端"。从现实来看，我国城市治理的层级呈现为"四级"，即市、市辖区、街道和社区。市辖区作为一级行政建制，处于上承下达的枢纽位置，城市治理层级的改革对于市辖区具有重要的作用。

城市治理需要降低成本，提升效率，以最优的资源配置实现治理目标的最大化，这就是城市治理效能的体现。在"治理效能"导向下，我国城市治理层级的改革可以围绕市辖区展开。具体而言分为三个层次：一是恢复城市治理层级的原有角色。根据法律法规的规定，重新明确市、市辖区、街道和社区的属性、功能、职责等，使其逐步恢复原有的角色。如市级政府主要负责统筹城市的规划发展和整体治理。市辖区则根据市级政府的规划与治理目标在本辖区内承担相应的任务，主要职责为执行市的决策。街道作为市辖区的派出机关则推进具体治理任务的落实，并根据政策落实情况及执行效果反馈信息。社区要充分发挥"自治"的功能，将很多不一定需要由行政方式来处理的治理事务纳入进来，节约行政成本。二是通过切割市辖区使其更加贴近基层。在重新明确城市各治理层级的基础上进行调整。首先根据城市治理与发展的现实需要切割市辖区，即缩小市辖区的管辖区域。这主要是推进市辖区的"派出化"改革，使其成为城市治理的主要执行者。同时，使市辖区能够有精力更好地直接接触基层治理事务，为实现城市治理层级"扁平化"奠定基础。其次是在切小市辖区后，根据城市治理的需要逐步减少甚至撤销街道层级。因为街道是市辖区的派出机关，要实现城市治理层级的"扁平化"，对于派出机关的调整相对较为容易。通过这个调整，可以使市辖区直接与社区对接，在承接市级政府的同时直接面向基层，减少信息传输的环节，提高治理效率。再次是提升社区的"自治"能力，充分发挥其功能，将其嵌入到城市治理的体系中。三是根据不同城市的发展需要自主设置治理层级。我国幅员辽阔，各地区间的经济社会发展程度差异较大，且人文环境和自然环境也各不相同。因此，城市的发展情况和治理也需各具特色。在此情况下，城市治理层级就可以根据不同城市的现实情况进行自主设置，如城市规模不是很大且经济社会发展一般的城市，可以尝试撤销街道层级，或在不切小市辖区的情况下逐步减少或撤销街道，直接对接社区。而城市规模较大且经济发展水平较高的，可以通过切小市辖区逐步减少街道层级。而对于经济发达、人口聚集的特大城市，则可以暂时保持现有治理层次，进而逐步根据现实需要切小市辖区，并动态调整治理层级。

三、职责整合下的市辖区机构体系"大部门化"改革

"要推进城市管理机构改革，创新城市工作体制机制。要研究推进城市规划、建设、管理改革，分类整合职能，优化机构设置。"[1] 机构是职责的载体，所有治理的理念和目标都会转化为具体职责并通过特定的机构贯彻执行。市辖区的机构体系是城市治理任务的执行主体，其设置与运行直接关系到城市治理的改革与发展。从城市治理现代化的角度来看，市辖区机构体系需要尝试基于政府职责的整合，通过"大部门化"为目标进行改革。

一是基于政府职责整合推动"大部门"设置。机构是根据职责设置的，市辖区因为行政角色特殊，所具有的职责也相对较为特殊。一方面，市辖区因为兼具县级政府职责和城市治理执行主体职责，而出现职

1　中共中央党史和文献研究院：《习近平关于城市工作论述摘编》，中央文献出版社 2023 年，第 84 页。

责"叠加"的现象。另一方面，市辖区因为管辖的范畴总体不会很大（直辖市的市辖区除外），因此其职责相对较为集中，职责边界较为明显。基于此，就可以尝试将同类或相近的职责进行整合，根据整合的职责设置机构，实现市辖区机构的"大部门化"。我国政府间关系具有"职责同构"的特征，上下级政府机构基本上"对口"，市辖区进行机构"大部门化"改革后，通过借助市辖区体制改革减少与市级政府机构对口的情况。具体而言，市辖区通过改革可以转变为城市治理中市级政府决策的执行者，并根据辖区内的实际情况设定市辖区的发展类型。从这个角度来说，市辖区只要执行市级政府的政策即可，因此可以通过上级政府直接下达指令，上级政府职能部门仅在涉及相关业务方面指导即可。这样就可以减少机构"上下对口"的制约。同时，市辖区切小后直接与基层接触，其功能更加清晰地定位于公共服务和基层治理，这也减少了机构"对口"的要求。

二是根据不同地区城市及市辖区的职责减少机构设置"左右对齐"情况。不同地区的城市发展具有较大差异性，且市辖区的设置要求也不同。比如一些城市未必需要设置市辖区，或设置 2 个左右的市辖区即可。还有一些城市根据治理现实，需要设置数个乃至十几个市辖区（特别是切小市辖区后，部分城市市辖区的数量会增加）。在这样的情况下，不同城市的市辖区在设置机构数量规模的时候就要采取差异化的方式，未必要将市辖区机构设置得"五脏俱全"，可以根据实际需要整合部分机构。同时，不同地区的市辖区还需要根据实际情况设置部门，如一些市辖区对于人才的需求较为迫切，那就可以设置专门的人才管理部门。而一些市辖区对于大数据的建设需求较高，进而可以设置大数据管理部门。同时，还有市辖区还在朝着现代化方向努力，那么招商引资方面就需要设置专业部门。不同的市辖区要结合所在城市治理与发展的现实整合职责，在必设机构的基础上设置本地区需要的机构部门，而暂时没有必要设置的部门则可以暂不设置或建立一个内设部门挂靠在其他单位，减少市辖区机构设置"左右对齐"的情况，优化市辖区的特色与功能。

　　三是推动跨市辖区部门的设置及运行。为了节约成本，提高效能，可以尝试进行跨区域的部门设置，这也是机构"大部门化"的一个体现。2018年党和国家机构改革后，一些党政部门进行了合署办公，这是机构整合的一个表现。但是从市辖区的角度来看，这种内部性的机构整合并不能完全实现"大部门化"，并达到降低行政成本和整合职责提高效能的目标。因此，可以从市辖区的区际视角入手，尝试探索跨市辖区机构设置的路径。例如规模不大的市辖区是否可以"共享"诸如人才管理、大数据技术、招商引资等功能性较强的机构部门。还有一些类型相似，功能定位接近的市辖区还可以在传统机构部门上尝试跨区"共享"，如应急管理、公共安全等，这不仅可以加强市辖区机构的"大部门化"，而且还能推动区际之间的协同运行，进而提高市辖区及其所属城市的治理效能。

参考文献

经典著作与党的文献：

1. 《马克思恩格斯全集》（第 25 卷），人民出版社，2001 年。

2. 《毛泽东选集》（第 4 卷），人民出版社，1991 年。

3. 《习近平谈治国理政》（第四卷），外文出版社，2022 年。

4. 习近平：《论把握新发展阶段、观察新发展理念、构建新发展格局》，中央文献出版社，2021 年。

5. 中共中央党史和文献研究院：《习近平关于城市工作论述摘编》，中央文献出版社，2023 年。

6. 《十八大以来重要文献选编》（上），中央文献出版社，2014 年。

7. 《十八大以来重要文献选编》（下），中央文献出版社，2018 年。

学术专著：

1. 暴景升：《当代中国县政改革研究》，天津人民出版社，2007 年。

2. 戴均良：《中国市制》，中国地图出版社，2000 年。

3. 马力宏主编：《中国行政管理中的条块关系》，杭州大学出版社，1993 年。

4. 高焕喜：《县城经济发展论》，山东人民出版社，2005 年。

5. 金太军等：《政府职能梳理与重构》，广东人民出版社，2002 年。

6. 何李：《中国市制改革的理论研究》，中国社会科学出版社，2019 年。

7. 洪振华：《中国市辖区行政管理体制改革研究》，湖南人民出版社，2008 年。

8. 林尚立：《国内政府间关系》，浙江人民出版社，1998 年。

9. 李昌宪：《金代行政区划史》，上海古籍出版社，2015 年。

10. 刘君德、范金朝：《中国市制的历史演变与当代改革》，东南大学出版社，2015 年。

11. 潘小娟：《市政管理体制改革：理论与实践》，社会科学文献出版社，1998 年。

12. 潘小娟：《中国政府体制：结构与运行》，中国言实出版社，2021 年。

13. 唐亚林、王小芳、钱坤、黄钰婷：《城市治理的逻辑：城市精细化治理的理论与实践》，复旦大学出版社，2022 年。

14. 吴海定等：《城市文明论》，商务印书馆，2022 年。

15. 吴金群、廖超超等：《尺度重组与地域重构：中国城市行政区划调整 40 年》，上海交通大学出版社，2018 年。

16. 吴晓林：《理解中国社区治理：国家、社会与家庭的关联》，中国社会科学出版社，2021 年。

17. 徐阳光：《政府间财政关系法治化研究》，法律出版社，2016 年。

18. 谢庆奎等：《县政府管理》，中国广播电视出版社，1998 年。

19. 薛凤旋：《中国城市及其文明的演变》，世界图书出版公司，2014 年。

20. 张紧跟：《当代中国政府间关系导论》，社会科学文献出版社，2009 年。

21. 张馨：《公共财政论纲》，商务印书馆，2021 年。

22. 赵聚军：《中国行政区划改革研究：政府发展模式转型与研究范式转换》，天津人民出版社，2012 年。

23. 周黎安：《转型中的地方政府：官员激励与治理》，格致出版社，2017 年。

24. 周振超：《当代中国政府"条块关系"研究》，天津人民出版社，2009 年。

25. 周振鹤：《中国历代行政区划的变迁》，中国国际广播出版社，2010 年。

26. 周振鹤：《体国经野之道》，上海人民出版社，2019 年。

27. 朱光磊主编：《现代政府理论》，高等教育出版社，2006 年。

28. 朱光磊：《当代中国政府过程》，天津人民出版社，2008 年。

29. 朱光磊等：《服务性政府建设规律研究》，经济科学出版社，2013 年。

30. 竺乾威：《公共行政的理论、实践与发展》，复旦大学出版社，2021 年。

31. 杨宏山：《城市管理学》，中国人民大学出版社，2019 年。

学术论文：

1. 陈昌军：《类体制身份：作为基层政府建构自主性的意外结果——以上海市奉城镇政府为例》，《中国农村观察》2020 年第 3 期。

2. 陈浩、孙斌栋：《城市区界重组的政策效应评估：基于双重差分法的实证分析》，《经济体制改革》2016 年第 5 期。

3. 高琳：《快速城市化进程中的"撤县设区"：主动适应与被动调整》，《经济地理》2011 年第 4 期。

4. 黄金秀、彭庆、熊雅丽：《区划调整对城市农业产业结构的影响分析：以新建区"撤县设区"为例》，《中共南昌市委党校学报》2018 年第 1 期。

5. 韩光辉、何峰：《宋辽金元城市建制与区域行政区划体系的演变》，《北京大学学报》（哲学社会科学版）2008 年第 2 期。

6. 贺曲夫、曾万涛：《我国中心城市市辖区体制的改革与创新研究》，《经济师》2018 年第 7 期。

7. 何李：《市辖区边界区域空间冲突的治理难题与改革方略》，《社会主义研究》2017 年第 1 期。

8. 何李：《区划型行政壁垒：地方政府合作中亟待破除的空间障碍》，《理论与现代化》2018 年第 4 期。

9. 惠冰：《我国特大城市市辖区政府分析：能力增强与权力扩张过程》，《中国行政管埋》1998 年第 12 期。

10. 洪振华：《市辖区行政管理体制的问题及对策》，《中国党政干部论坛》2008 年第 8 期。

11. 纪小乐、魏建：《市管县体制对城市化和工业化协同发展的影响——新地级市设立后市辖区经济发展的历史考察》，《经济与管理研究》2021 年第 8 期。

12. 李金龙、翟国亮：《撤县设区的科学规范探索》，《云南社会科学》2016 年第 5 期。

13. 李雷：《依宪治国背景下完善撤县设区的宪法学思考》，《云南社会科学》2016 年第 5 期。

14. 刘君德、何建红：《社区的行政分割及其整合研究——以上海市曹家渡为例》，《上海城市规划》1998 年第 4 期。

15. 刘志慧：《撤县设区：现状、问题、对策》，《中共云南省委党校学报》2017 年第 2 期。

16. 柳拯、汤恒、吴国生、陈建光、张焕秋：《新型城镇化过程中行政区划调整的实施效果：对重庆市撤县改区的调研报告》，《理论视野》2017 年第 6 期。

17. 罗震东、汪鑫、耿磊：《中国都市区行政区划调整——城镇化加速期以来的阶段与特征》，《城市规划》2015 年第 2 期。

18. 马祖琦、刘君德：《国外大城市中心城区区级政区职能研究》，《城市规划》2003 年第 3 期。

19. 马祖琦：《海峡两岸大城市市辖区区级行政管理体制比较》，《经济地理》2005 年第 2 期。

20. 唐宁：《对市及市辖区体制关系的若干思考》，《领导科学》2004 年第 2 期。

21. 陶希东：《中国特大城市（地级市）县改区：问题与出路》，《创新》2017 年第 1 期。

22. 王卫国：《撤县改市与撤县改区的好处与坏处》，《中国地名》2017 年第 10 期。

23. 王银平：《长江中游新石器时代晚期的聚落级差及城市萌芽》，《中国历史文物》2008 年第 2 期。

24. 吴金群、陈思瑾：《"区（市）直管社区"为何大都回潮？——兼论龙港市扁平化改革的经验》，《福建师范大学学报》（哲学社会科学版）2023 年第 2 期。

25. 吴晓林：《党组政治研究："双重嵌套"的政治整合结构》，《探索》2016 年第 3 期。

26. 谢俊：《刍议中心城市撤县设区的要素及实施过程优化：基于南京市的个案分析》，《南阳师范学院学报》（社会科学版）2016 年第 1 期。

27. 谢涤湘、范建红、常江：《从空间再生产到地方营造：中国城市更新的新趋势》,《城市发展研究》2017 年第 12 期。

28. 颜昌武:《我国市辖区政府间竞争:制度环境与策略选择》,《社会主义研究》
    2008 年第 5 期。

29. 杨林、薛琪琪:《"撤县设区"抑或"撤县设市"? ——基于市县经济关联度
    的视角》,《山东社会科学》2017 年第 11 期。

30. 叶林、杨宇泽:《中国城市行政区划调整的三重逻辑:一个研究述评》,《公
    共行政评论》2017 年第 4 期。

31. 殷洁、罗小龙:《从撤县设区到区界重组——我国区县级行政区划调整的新
    趋势》,《城市规划》2013 年第 6 期。

32. 于志强、吴建峰、周伟林:《大城市撤县设区经济绩效的异质性研究:基于
    合成控制的实证分析》,《上海城市管理》2016 年第 5 期。

33. 张莉、皮嘉勇、宋光祥:《地方政府竞争与生产性支出偏向:撤县设区的政
    治经济学分析》,《财贸经济》2018 年第 3 期。

34. 张艺烁:《撤县设区的历史和现状分析》,《法治与社会》2016 年第 8 期。

35. 赵聚军:《职能导向论:市辖区建制调整的逻辑导向研究》,《行政论坛》
    2012 年第 6 期。

36. 赵聚军:《我国市辖区行政区划调整导向的河流与分野》,《天津社会科学》
    2018 年第 1 期。

37. 朱光磊、张志红:《"职责同构"批判》,《北京大学学报》(哲学社会科学版)
    2005 年第 1 期。

38. 朱光磊、孙涛:《"规制—服务型"地方政府:定位、内涵与建设》,《中国人
    民大学学报》2005 年第 1 期。

39. 朱光磊、王雪丽:《市辖区体制改革初探》,《南开学报》(哲学社会科学版)
    2013 年第 4 期。

40. 朱光磊、杨智雄:《职责序构:中国政府职责体系的一种演进形态》,《学术
    界》2020 年第 5 期。

41. 左言庆、陈秀山:《城市辖区行政区划调整的时空格局研究》,《学习与实践》
    2014 年第 9 期。

图书在版编目（CIP）数据

中国市辖区体制改革研究/邱实著. —上海：上海三联书店，2023.12

ISBN 978 - 7 - 5426 - 8367 - 0

Ⅰ.①中⋯ Ⅱ.①邱⋯ Ⅲ.①区（城市）－行政管理－体制改革－研究－中国 Ⅳ.①D625②D63

中国国家版本馆 CIP 数据核字（2023）第 244713 号

中国市辖区体制改革研究

著　　者／邱　实

责任编辑／张大伟
装帧设计／徐　徐
监　　制／姚　军
责任校对／朱　强

出版发行／上海三联书店

　　　　　（200030）中国上海市漕溪北路 331 号 A 座 6 楼

邮　　箱／sdxsanlian@sina.com
邮购电话／021 - 22895540
印　　刷／上海颛辉印刷厂有限公司

版　　次／2023 年 12 月第 1 版
印　　次／2023 年 12 月第 1 次印刷
开　　本／640 mm×960 mm　1/16
字　　数／220 千字
印　　张／15
书　　号／ISBN 978 - 7 - 5426 - 8367 - 0/D・614
定　　价／75.00 元

敬启读者，如发现本书有印装质量问题，请与印刷厂联系 021 - 56152633